EL PADRE CRISTIANO

LO QUE DEBE SER Y LO QUE DEBE HACER

PADRE CRAMER

SENSUS FIDELIUM PRESS

Gastonia, North Carolina

ISBN impreso: 978-1-962639-44-6

SensusFideliumPress.com

INTRODUCCIÓN

S aludamos con sincero placer la aparición de "El padre cristiano" en versión inglesa, y no dudamos de que recibirá una calurosa acogida por parte de la comunidad de habla inglesa. El libro que lo acompaña, "The Christian Mother", ha recibido un merecido favor y ha llegado a muchos hogares cristianos para alegrarlos y bendecirlos. "El padre cristiano" debe ser igualmente popular y beneficioso, pues es igualmente admirable por su buen sentido práctico, su sencillez ganadora y sus lecciones profundamente religiosas. No es un mero padre ideal el que tenemos aquí, aspirando a una santidad inalcanzable o fantasiosa. Es un padre tal como Dios quiso que fueran todos los padres, tal como debería y podría encontrarse a la cabeza de toda familia cristiana. Es un verdadero padre cristiano que cumple fielmente las obligaciones de su estado y se santifica en los deberes ordinarios de la vida diaria. Si en la familia y en la sociedad la santa providencia de Dios ha asignado a la madre un lugar que sólo la madre cristiana puede ocupar, con mucha más razón podemos decir lo mismo del padre. El padre, convirtiéndose bajo Dios en principio de existencia para los demás, comparte con el gran Creador y Padre de todos la prerrogativa más noble de que es capaz una criatura, la de la paternidad o paternidad. El padre ocupa realmente el lugar de Dios, y ejerce una autoridad subordinada sólo a la de Dios, sobre sus hijos, y a cambio desafía legítimamente y recibe instintivamente un respeto y un honor que se aproximan al honor tributado al propio Dios. Con reverencia innata y confianza confiada, el hijo mira al padre como la suma de todo poder, conocimiento y perfección. Grandes deben ser, pues, las responsabilidades y sagrados los deberes que Dios y la naturaleza imponen al padre. Debe esforzarse por realizar el ideal del niño y asumir el carácter de Aquel a quien representa. Es un hecho misterioso, pero innegable, que los hijos quedan enteramente en manos y, podemos decir, a merced de los padres que los engendran, para la vida, la constitución física, el carácter nativo y la formación moral. Al padre, como cabeza de familia e investido de poderes y derechos divinos, le es dado ejercer una influencia controladora; él forja los destinos, moldea los caracteres de su prole. Por regla general, los hijos son lo que su padre hace de ellos. Lo semejante engendra lo semejante. Pero el padre no sólo transmite a su prole un gran parecido consigo mismo en forma y rasgos, temperamento, constitución y disposición natural, sino que además comunica inconscientemente a sus hijos sus propios hábitos de pensamiento, lo que le gusta y lo que no le gusta, sus sentimientos religiosos y principios morales, mientras que sus hijos recuerdan con el paso de los años sus ejemplos, sus acciones y sus palabras, para regir y cuadrar su propia conducta y vida. El padre cristiano inculcará naturalmente hábitos cristianos, impartirá un tono moral e infundirá un espíritu religioso en su familia; y como la familia es la base de la sociedad, debemos hacer que el padre sea verdaderamente cristiano si queremos reformar la sociedad, cristianizar la tierra o hacer que el pueblo sea moral. ¿Cómo puede florecer el cristianismo; cómo puede prevalecer la virtud pública o privada; cómo puede existir la moralidad entre el pueblo, si los padres que tienen bajo su control casi exclusivo el moldeamiento de las generaciones futuras, la formación y educación de los hijos, son hombres sin principios o inmorales, poco cristianos, irreligiosos o sensuales? Dadnos, por el contrario, padres cristianos, y pronto tendremos familias bien educadas, hogares felices y virtuosos. Nadie es más consciente de la necesidad apremiante de buenos padres cristianos que los ministros de la religión, cuya vocación los pone tan a menudo en contacto con la miseria y el pecado. Esto, sin duda, fue lo que impulsó al Reverendo W. Cramer, un hombre santo y erudito, que durante años ha sido el educador, consejero y guía del Clero de la Diócesis de Münster, a publicar la excelente pequeña obra "El Padre Cristiano", que ahora se ofrece por primera vez al público de habla inglesa. Dibuja un retrato realista del verdadero padre cristiano, muestra la sublimidad de su vocación, explica sus deberes y obligaciones, las dificultades y peligros a los que está expuesto, las gracias que necesita para la santificación de sí mismo y de su familia, y los medios que debe emplear para conseguir esas gracias necesarias. Que Dios bendiga al buen Sacerdote por esta pequeña joya de libro. Que llegue a todos los hogares cristianos del país, y que cada padre católico de América ejemplifique en su vida "El padre cristiano".

☐ S. V. Ryan,
Obispo de Buffalo.
Fiesta de la Circuncisión, 1883.

CONTENTS

EL NOMBRE DEL PADRE

"Padre": una de las primeras palabras pronunciadas por los labios infantiles, el primer fruto, por así decirlo, del precioso don del habla, ofrecido en honor del Padre del cielo y del padre de la tierra, a quienes debemos la existencia y el lenguaje.

Padre: ¡qué nombre tan venerable! Fue pronunciado desde toda la eternidad para expresar la misteriosa relación existente entre las dos primeras personas de la Deidad. Cuando Dios llamó a los hombres a la existencia, éstos se dirigieron a Él con el nombre de "Padre". Y así fue, pues los hizo hijos suyos, y como hijos suyos los dotó de los más altos dones.

Y cuando por el pecado perdieron este alto privilegio de ser hijos de Dios, Él mismo, en la segunda persona de la Trinidad, descendió a la tierra y les restituyó esa santa prerrogativa. Este fue el precioso fruto de la vida, de las obras, de los sufrimientos y de la muerte del Redentor. "A todos los que creyeron en él, les dio potestad de ser hechos hijos de Dios". Dios fue, y vuelve a ser en el sentido más pleno de la palabra, "Padre" de todos los que en la santa Iglesia renacen hijos de Dios.

Nuestro divino Redentor nos enseñó a conocerle de nuevo como Padre. Le llamó "Padre nuestro que estás en los cielos". De la misma manera sus fieles discípulos, siguiendo su ejemplo, deben dirigirse a Él cuando oran, como "Padre nuestro que estás en los cielos". Dios, Padre de los hombres. Todos los que renacen del agua y del Espíritu Santo son sus hijos, y Él es su Padre.

¡Con cuánta justicia es suyo este título! ¿Acaso no le deben todos los hombres la existencia y la vida? Y si por el bautismo han adquirido una filiación sobrenatural con Dios, ¿no es él quien, en la persona del Espíritu Santo, los ha creado de nuevo? Es él quien debe sostener y conducir a una perfección superior esa vida natural y sobrenatural que fue dada por él, si es que ha de existir y llegar a la perfección. Él es en verdad el Padre de los hombres, y nosotros somos sus hijos.

Pero no ha querido apropiarse en exclusiva esta paternidad, ni el augusto título de Padre. Así como imprimió en todos los hombres la imagen de su naturaleza divina y los hizo a su semejanza, así también, según el decreto de su divina sabiduría y amor, su paternidad debe tener su imagen en la humanidad; un cierto número entre los hombres debe participar de los privilegios y prerrogativas de su dignidad paterna; ellos también deben ser padres y tener hijos. Como a él, también a ellos deben los hijos su existencia. Así como creó a sus hijos a su semejanza natural y sobrenatural, así también los padres deben comunicar a sus hijos una parte de su naturaleza material y espiritual. Así como Él, con su gracia inagotable, procura conducir a sus hijos a grados cada vez más altos de perfección, así también los padres, por saludable influencia, deben participar en esta obra de santificación y perfección. Así como desde toda la eternidad tiene la feliz conciencia de que todos los que son por Él y con Él eternamente felices le deben su felicidad y su salvación, así también el padre humano, cuando esté en el cielo, debe tener la conciencia de que, cumpliendo sus deberes paternales, ha ayudado a sus hijos a alcanzar la felicidad del cielo.

Todo padre humano, pues, es una imagen del gran Padre celestial, su representante divinamente designado en la tierra. "Toda paternidad en el cielo y en la tierra procede de Dios", dice el Apóstol. Y lo que dice de la autoridad mundana es verdad en un sentido más elevado en referencia a un padre y a la dignidad paterna. "No hay potestad sino de Dios, y los que la tienen son ordenados por Dios". Ahora bien, el padre es imagen y representante del gran Padre que está en los cielos; por tanto, participa de la prerrogativa de la paternidad divina; está por encima de sus hijos; es su señor y gobernante; tiene el título y el derecho al honor, la obediencia y la sujeción por parte de sus hijos. Le deben reverencia, obediencia y amor como se los deben a Dios, su Padre celestial, y están obligados en consecuencia a rendírselos. Estas palabras del Señor tienen un valor particular para los padres en relación con sus hijos: "El que a vosotros oye, a mí me oye; el que a vosotros desprecia, a mí me desprecia". ¿Podría el gran Padre celestial haber honrado más al padre humano, su representante en la tierra, que cuando dio al mandamiento que se refiere a él el lugar siguiente a los que se refieren a su propia persona divina? También honró a los padres (y a las madres) en el hecho de que el mandamiento que se refiere a ellos es el único que acompaña con una promesa positiva: "Honra a tu padre (y a tu madre) para que te vaya bien". ¿Qué hay más sublime que las expresiones de las Sagradas Escrituras en las que el Señor promete de múltiples maneras sus bendiciones celestiales a los hijos que obedecen a su padre (y a su madre)? Por otra parte, ¿qué hay más terrible que la maldición que pronuncia contra los hijos que desobedecen y faltan a la reverencia a su padre (y a su madre)? ¿Y no se han verificado estas palabras en la historia sagrada? Las bendiciones más selectas para los hijos buenos, y las aflicciones más terribles para los hijos e hijas perversos. Lo que relata la Escritura se comprueba por la experiencia cotidiana.

¿Y qué se sigue de todo esto? ¿No se sigue que, puesto que Dios ha impuesto tan imperativamente a los hijos el deber de obedecer a sus padres, debe tener en la más alta estima la dignidad de padre? ¡Cuán venerable es, pues, el nombre de padre, rodeado como está de honor por Dios mismo!

Y ¡cuán honorables son la paternidad y el nombre de padre cuando miramos en el corazón del padre! ¿Cómo ha formado Dios el corazón del padre? Lo hizo según su propio corazón paternal. Su corazón tiene un amor infinito por sus hijos, un deseo infinito de hacerlos felices y de conducirlos a su verdadero bienestar. Y tal es la naturaleza que el Señor ha dado al corazón de todo padre. Tal es la tendencia inconsciente del corazón de todo padre incorrupto. Encuentren si pueden a un hombre cuyo corazón, si Dios lo ha bendecido con hijos, no lo impulse instintivamente a hacer todo lo que esté a su alcance para hacerlos felices. El mundo lo llamaría un padre antinatural que no cediera a este impulso. Sólo en un estado de barbarie es posible un padre así. He aquí, pues, el corazón del padre.

Pero, ¿quién ha constituido el corazón del padre de tal manera que cuando se convierte en padre esté animado por estas emociones y sentimientos naturales? Es un don del gran corazón del Padre celestial a su imagen y representante en la tierra, un don de lo divino al padre humano.

¡Cuán noble no hace aparecer el nombre de padre esta constitución del corazón del padre! Dios mismo ha hecho del corazón del padre lo que es.

Si el nombre de padre no es venerado, si a veces es despreciado y condenado, la razón se encuentra desgraciadamente en la manera en que la alta dignidad es expuesta por muchos padres a la profanación y al deshonor. Sin sentir ni pensar en la dignidad paterna y en las grandes obligaciones de su vocación, indiferentes, es más, reacios, a sus deberes, prescinden de todas esas nobles características que distinguen al buen padre y no conservan más que una fea caricatura de uno degenerado.

Imaginemos un padre que responda a la idea de la dignidad paterna. Imaginaos a un hombre cuya vida presenta un modelo de padre verdaderamente bueno: ¿quién podría negarle su más profunda admiración y respeto? ¡Cuánto veneran, atesoran y aman los hijos de un padre así el nombre de padre! Todo su corazón está ocupado en pensamientos de él; ausentes de él, anhelan estar con él; su presencia, su mirada, su palabra les deleita. Su recuerdo permanece inmarcesible en sus corazones incluso después de que haya descansado largo tiempo en su tumba. ¿Hay algo más edificante y consolador que el recuerdo de un padre verdaderamente bueno?

Venerable es, pues, el nombre de padre. Se usa en todas las relaciones y condiciones de la vida para denotar lo bueno, lo más excelente, lo mejor. ¡Qué honrosa prueba de respeto hacia el amo de una casa cuando los de su casa se dirigen a él con el nombre de "padre"! Qué elogio cuando se dice del jefe de una institución o congregación: Es un padre para la institución, es un padre para el pueblo. ¿Y puede haber mayor honor para un presidente, rey o emperador que ser llamado con verdad el "Padre de su Patria"?

O veamos el estado eclesiástico. Cuando el sacerdote ejerce la función más importante de su ministerio, en la que se pone en acción todo el cuidado y solicitud de su corazón, y en la que los fieles acostumbran a darle la más alta prueba de su confianza, se le llama "Padre Confesor". Cuando el sacerdote cuida especialmente de un alma a la que quiere conducir por el camino de la perfección, se le llama "Padre espiritual". Al obispo y al sacerdote que desempeñan sus altas y onerosas funciones con particular amor y cuidado se les llama padre de la diócesis, padre de la congregación. Y para aquel que ostenta la más alta dignidad en la santa Iglesia, para la cabeza, el representante de Jesucristo, no se ha encontrado nombre más bello y excelente que el de "padre"; Papa significa "padre", y todo nuestro corazón se dirige a él cuando decimos "Nuestro santo Padre".

Honroso es, pues, el nombre de padre en la tierra. ¿No será honorable también en el cielo? Ese signo misterioso que los elegidos reciben en el bautismo y en la confirmación, y que el sacerdote recibe en la ordenación, dará testimonio de que son hijos de Dios, y será su gloria en el cielo. ¿Quién puede dudar de que, del mismo modo, la dignidad de padre será una gloria eterna para los que han sido revestidos de ella aquí en la tierra?

He aquí, padre cristiano, lo que eres. El nombre de padre es honrado tanto por Dios como por los hombres, venerado en la tierra y glorificado en el cielo. Tú lo llevas; será, si lo llevas dignamente, tu honor, tu felicidad y tu salvación en el tiempo y en la eternidad.

Que tu corazón se regocije en la dignidad paterna. Que el nombre de padre sea tu orgullo. Que sea tu ambición en todo momento y de toda manera demostrar que eres digno de él.

LA VOCACIÓN DEL PADRE

S u mayordomía.

Padre es un título de honor. Los nombres, que proceden de Dios, indican la naturaleza de quienes los llevan. El nombre en el presente caso expresa la naturaleza de la dignidad del padre, su vocación, su oficio.

El deber del padre, como su dignidad, procede de Dios. Dios lo hizo padre cuando le dio sus hijos. Los hijos son don de Dios. "Él nos hizo", dice el salmista, "no nos hicimos a nosotros mismos". Son la herencia de Dios. "Él es nuestro Dios, y nosotros somos su pueblo, ovejas de su prado". "Al Señor pertenece la tierra y su plenitud". Tus hijos, oh padre, son hijos de Dios, mucho más y en un sentido más elevado que los tuyos. ¿Los amas? Él los ama aún más. ¿Te preocupas por ellos? Él los cuida aún más. Le pertenecen en todos los sentidos mucho más a Él que a ti. Sólo a ti te los ha confiado.

¿Por qué te los ha confiado? Pregúntale por qué los ha creado. La respuesta es: para que crezcan y se conviertan en hombres y mujeres verdaderamente buenos; para que, por su propio bien y el de sus semejantes, correspondan verdadera y concienzudamente a su vocación, y con su vida en la tierra consigan entrar en el reino de Dios en los cielos. ¡Qué tarea! De su cumplimiento depende el bienestar del hombre en la tierra y su felicidad por toda la eternidad.

Dios os ha confiado a vuestros hijos para que los capacitéis para cumplir esta tarea; para que los ayudéis a ser hombres y mujeres de bien, y los capacitéis para la vocación que Dios les ha dado; para que su vida en la tierra esté dedicada no sólo a su bienestar temporal, sino también a su salvación eterna.

Esta es la tarea, el encargo, que el Señor os ha impuesto, y si no realizáis la labor que os ha encomendado, y cuidáis de vuestros hijos según la voluntad y el designio de Dios, no alcanzarán su destino eterno. No llegarán a ser hombres y mujeres de bien si vosotros no ponéis de vuestra parte para ello. No encontrarán su vocación en la tierra, ni corresponderán a sus exigencias, si no los conducís a ella. No serán felices en la tierra, y difícilmente alcanzarán el cielo, si no cumplís la voluntad de Dios respecto a ellos. Se puede decir con verdad: "Tus hijos han sido entregados en tus manos".

Hay excepciones a la regla. Hijos con los que el padre no ha cumplido su deber, o a los que su negligencia en el cumplimiento del deber y su mal ejemplo han perjudicado, se han convertido en hombres y mujeres de bien y han alcanzado la salvación. Dios mismo, por su gracia y asistencia especiales, acudió en su rescate, suplió lo que el padre había dejado de hacer y compensó el daño que el padre antinatural les había infligido. Pero éstos son casos excepcionales y raros. La regla sostiene que los hijos por los que el padre (y la madre) no han cumplido con su deber no llegan a ser hombres y mujeres de bien, no obtienen el cielo, o no lo obtienen del modo ordinario. Los decretos del Señor son inescrutables para el débil entendimiento humano. Cabe preguntarse: ¿Por qué el Señor no hace por todos los niños lo que hace por unos pocos descuidados? No siempre se nos concede un conocimiento perfecto de los designios de Dios; pero el hecho es que los hijos descuidados o corrompidos por sus padres permanecen descuidados y corrompidos.

¿No experimenta todo hombre algo semejante? Si se esfuerza por llegar a ser un hombre de bien, por encontrar y cumplir su vocación, y por obtener el bienestar temporal y eterno, Dios hará sin duda en todos estos esfuerzos la mayor parte por su gracia y asistencia. Pero él mismo debe poner su propia mano en la obra en cada caso particular. Cuando se trata de realizar una obra buena, de vencer tentaciones, de corregir faltas, de adquirir virtudes, es preciso que se sirva primero de los dones y facultades que Dios le ha dado. Sólo después de haber hecho esto, y en la medida en que lo haya hecho, Dios acude ordinariamente en su ayuda por medio de su gracia para suplir lo necesario. Pero sólo lo hace cuando, mediante la oración y otras obras piadosas, se le convence de que lo haga. "Ayúdate a ti mismo", dice el proverbio, "y Dios te ayudará"; es decir, haz tu parte,1 y entonces puedes esperar que Dios hará su parte si se lo pides. Pero si no aprovechas los dones, las gracias y las oportunidades que Dios te ha dado para librarte de tus faltas, para adquirir la virtud, para ganar la vida eterna, Dios no vendrá en tu ayuda para suplir lo que hace falta, aunque pudiera. Continuáis en vuestras faltas, permanecéis sin virtud y estáis perdidos.

Así sucede en los misteriosos decretos de la infinita sabiduría, santidad y amor de Dios. El hombre debe -así es el decreto- ser, en la medida de lo posible, el promotor de su propia felicidad, como Dios es la causa de lo que él mismo es y tiene. La felicidad del hombre será tanto mayor cuanto mayor sea el resultado de sus propios esfuerzos en conjunción con la gracia de Dios. Está en la providencia de Dios que el bienestar de un hombre se deba en cierto grado a la influencia saludable de otros. Dios ha creado a los hombres de tal manera que no están aislados unos de otros, sino que, estando íntimamente unidos, como los miembros del cuerpo, forman un gran todo. Por lo tanto, cuando una persona desea alcanzar su bienestar temporal y eterno, no debe ser dejada sola en la lucha, sino que, para que pueda tener más éxito, debe ser ayudada por otros, y ella, a su vez, debe echarles una mano.

Es fácil descubrir aquí el designio misericordioso de Dios. Por este medio, los esfuerzos de muchos hacen que el bienestar de cada uno sea más seguro y completo. Al mismo tiempo, el Señor quiso, sin duda, que todos estuvieran unidos por un vínculo de santo amor, para que los elegidos tuvieran en la eternidad la feliz conciencia de haber ayudado a tantos otros a alcanzar la vida eterna.

Sea como fuere, es cierto que el bienestar del individuo está determinado en muchos aspectos por la influencia saludable de los demás, y que sin esta influencia obtendría con dificultad, o no obtendría en absoluto, el fin deseado. Privar a un hombre de ayuda, consuelo, apoyo, consejo, dirección e influencia saludable, es dejarlo desprovisto de lo que le es necesario para alcanzar su destino, y está perdido. El Señor no interviene para suplir el defecto.

Pues bien, en ninguna parte es esto tan cierto como en el caso de los niños. Ellos dependen en todos los sentidos de la influencia saludable del padre y de la madre. Si éstos no tienen cuidado de hacer su parte, de hacer de sus hijos hombres y mujeres de bien, de conducirlos a la salvación, con demasiada facilidad cederán a las malas influencias y se perderán. Preguntad a los desgraciados que han faltado a su vocación en la vida, o que no han cumplido con sus exigencias -viviendo tal vez en el pecado y en el vicio, y que en consecuencia no han conocido la verdadera felicidad en la vida-, cómo se ha llegado a este triste estado de cosas.

Casi siempre lo atribuirán a unos padres que no cumplieron con su deber para con ellos. Si en el más allá estuviera permitido hacer esta pregunta a los desgraciados que están condenados a la perdición eterna, ¡cuántos de ellos atribuirían la causa principal de su condenación a sus padres!

He aquí, pues, oh padre, tu tarea, tu misión. Está en el plan de la sabiduría divina que el hombre venga a la existencia como un niño indefenso; que su vida corporal, como su vida espiritual y superior, se desarrolle desde pequeños comienzos hasta grados cada vez más altos de perfección. Necesita, pues, mientras se desarrolla su doble vida, apoyo y ayuda, un guía, un tutor, para que pueda alcanzar el grado de perfección destinado, como el árbol joven y tierno necesita apoyo y cuidados mientras llega a la madurez.

Es por esta razón que Dios ha dado padres al hombre, particularmente durante el tiempo de su infancia y juventud. Como el hombre en su infancia y juventud no es capaz de procurarse lo necesario para mantener y prolongar la vida, el padre debe procurárselo. Como él, ignorante e inexperto, no comprende su vocación y bienestar, el padre, más sabio y experimentado, debe indicarle el camino correcto e inclinarlo hacia él. Como él, débil tanto de cuerpo como de mente y voluntad, puede con dificultad continuar en el camino recto, el padre, madurado por la experiencia, confirmado en los principios correctos y fuerte en el espíritu cristiano, debe guiarlo al camino recto y obligarlo a perseverar en él.

Así es como el niño, el joven, la doncella, en todas partes y en todas las circunstancias, dependen del padre y de la madre. Casi siempre se convierten en lo que los padres hacen de ellos. ¿Puede haber un deber más grande, más importante, más responsable que el de un padre y una madre?

Las cualidades de un padre.

Así como el Señor estableció este orden, y encomendó a sus hijos en tan alto grado al cuidado de sus padres, también ha tenido cuidado de capacitar a los padres para llevar a cabo su importante tarea. Por lo tanto, implantó en el corazón del padre y de la madre ese poderoso sentimiento de amor paternal y maternal, para que de ese modo se sintieran impulsados, involuntariamente, a cuidar de sus hijos. Pero lo que el sentimiento natural de amor dicta a los padres, el Señor se lo ha impuesto como el más santo de los deberes. Cuán terribles son sus amenazas contra los padres que descuidan su deber; cuán grandes las recompensas que promete a los buenos padres; amenazas y promesas que deben estimularlos a un cumplimiento más fiel de sus deberes.

Del mismo modo, Dios ha constituido el corazón de los hijos de tal manera que una tendencia natural les impulsa a encontrar a sus padres a mitad de camino en sus esfuerzos por instruirles y dirigirles. De ahí este sentimiento de amor y apego hacia el padre y la madre en todo corazón joven, este corazón susceptible, crédulo y abierto a todo lo que los padres dicen o hacen, esta disposición a imitarlos en todas las cosas, esta voluntad de obedecer sus mandatos, - todas estas disposiciones que Dios ha implantado en el corazón joven. Aquí también, como en el caso de los padres, Dios da fuerza a esta tendencia natural mediante preceptos y mandamientos. ¡Con qué insistencia ha impuesto a los hijos el deber de respetar, amar y obedecer a sus padres! ¡Cómo ha dado siempre fuerza a su mandamiento premiando a los hijos buenos y castigando a los malos!

Si bien en todo esto el Señor tuvo directamente en vista el bienestar de los hijos, que en tan gran medida depende del cumplimiento de sus deberes para con sus padres, también quiso con ello ayudar a los padres a cumplir más fácilmente sus deberes para con sus hijos.

He aquí, pues, oh padre, ¡cuánto confía Dios en que cumplas tus deberes para con tus hijos conforme a su santa voluntad! Cuanto más ha hecho Dios para asegurar el cumplimiento de esos deberes, tanto más importantes deben parecer a tus ojos.

El carácter augusto de la vocación paterna.

Si fuera necesario más para mostrar el valor y la santidad de la vocación del padre, la atención puede dirigirse a la sublimidad de esta vocación. Pues ¿qué cosa más preciosa que un hombre podría Dios confiar a un hombre débil?

Un hombre. ¿Habéis comprendido alguna vez lo que es realmente un hombre? Un hombre es la obra más gloriosa de la mano del Señor. Dios creó todas las cosas por un simple acto de su santa voluntad; dijo: "Hágase", y se hizo. Pero cuando quiso llamar al hombre a la existencia, las adorables personas de la Santísima Trinidad se pusieron de acuerdo: "¡Hagamos al hombre!". Y así "Dios hizo al hombre a su imagen, a su semejanza lo hizo". He aquí, oh padre, que Dios te ha confiado esta gloriosa obra de sus manos tantas veces como te ha bendecido con hijos.

Y ¡cuán queridos son para él tus hijos! Ellos también son sus hijos, mucho más y en un sentido más elevado de lo que son los tuyos. Él los ama más que tú a ellos. "Con amor eterno los amó". Por ellos sacrificó a su Hijo divino. Y cuánto los ama ese Hijo divino, amigo de los niños. Entregó su vida por ellos. ¡Y el Espíritu Santo! En el santo bautismo ha tomado posesión de ellos para habitar y obrar en ellos como en su templo. He aquí que el Dios trino ha confiado a tu cuidado, oh padre, a estos hijos amadísimos. Tú debes ayudarle a conducir a éstos, hijos suyos y tuyos, a la salvación. Él te ha elegido como su colaborador en esta santa obra. ¡Oh sublime vocación, ser colaborador de Dios en la salvación de sus hijos!

¿Y qué está en juego? Se trata del bienestar de tus hijos. Si sólo se tratara de su bienestar temporal, ¡qué grande parecería incluso eso! ¡Qué importante es que el hombre, incluso aquí en la tierra, lleve una vida feliz! Si no se tratara más que de esto, ¡qué gran importancia debe parecerle a todo buen padre! Pero se trata de la felicidad o la miseria eternas. Se confía a las manos del padre rescatar a sus hijos de la perdición eterna y, educándolos debidamente, permitirles disfrutar de una felicidad sin fin en el mundo venidero. ¿Puede imaginarse un encargo mayor o más elevado? Fue para rescatar a los hombres de la perdición y conducirlos a la vida eterna por lo que el Señor Jesús no dudó en aceptar los mayores sufrimientos y tormentos, e incluso en entregarse a una muerte ignominiosísima. Este precio infinito habría sido pagado por el alma de cada hijo. ¡Oh sublime tarea del padre en relación con sus hijos!

De todos los deberes que un padre tiene que cumplir aquí en la tierra, ninguno puede compararse ni remotamente con el que debe a sus hijos. Es, de hecho, la ocupación más elevada, el asunto más importante de su vida.

De su fiel y correcto cumplimiento depende, más que de ninguna otra cosa, su propio bienestar en el tiempo y en la eternidad. Qué placer y consuelo recibirán los buenos padres, aun en este mundo, de sus hijos e hijas a quienes han educado debidamente. ¿No son los buenos hijos la alegría, el honor, el orgullo y la mayor felicidad de sus padres? Pero, por el contrario, qué pena, dolor y aflicción experimentan los padres desconsiderados por los hijos pervertidos por su culpa.

Este es el orden señalado por la justicia divina, un anticipo de lo que la eternidad les tiene reservado. Cuán grande será la responsabilidad de un padre que, en la hora de su juicio, deba reconocer que equivocó o descuidó el deber más alto e importante que Dios le había impuesto en la tierra, y que por este descuido, falta de principios y mal ejemplo, aquellos a quienes debería haber criado como buenos hombres y mujeres han crecido en malos caminos, que aquellos a quienes debería haber llevado a la salvación se han perdido. Y, si no ha borrado su gran pecado con verdadero arrepentimiento, ¡qué juicio, qué castigo le espera! ¿No es un infierno suficiente para un padre verse obligado a estar en ese tribunal rodeado de sus propios hijos y oír sus terribles reproches, maldiciones e imprecaciones?

Reflexiona, oh padre, sobre esto, y esfuérzate con todas tus fuerzas por ser un padre fiel a tus hijos. ¿Quién puede encontrar palabras para describir la recompensa que espera a un buen padre en la eternidad? "Bien hecho, siervo bueno y fiel". Estas graciosas palabras las dirigirá amorosamente el Señor desde su trono de juicio a los padres y madres que han educado debidamente a sus hijos y han asegurado la salvación de esos hijos a quienes Dios ama tan entrañablemente; a esos padres y madres que ayudaron a realizar los anhelos de su santo corazón, para que las almas por las que derramó su preciosa sangre y ofreció su vida alcanzaran la felicidad eterna.

Sí, indeciblemente grande es la recompensa que les tiene preparada Aquel que no deja un vaso de agua sin recompensa. ¿No será un paraíso para un padre así tener a sus hijos a su lado en el cielo, verlos eternamente felices y saber que él, con la ayuda de Dios, fue la causa de su felicidad? Verdaderamente, aquí se realizan las hermosas palabras de San Agustín en referencia a los elegidos: "Cada uno se alegra de la felicidad del otro como de la suya propia; tantos cielos como hermanos"; "el padre se alegra de la felicidad de sus hijos como de la suya propia; tantos cielos como hijos". Y verdaderamente feliz aquel padre cuando sus hijos dan testimonio ante el cielo de que deben su felicidad, junto a Dios, a su padre y a su madre.

Así pues, todo se une para inducir a los padres a cumplir su deber para con sus hijos y a cumplirlo de la manera más perfecta.

El padre cristiano.

Tal es el título de nuestro librito. El énfasis está en la palabra "cristiano". El padre debe ser verdaderamente cristiano si quiere cumplir con su deber.

Hemos descrito los deberes de la vocación del padre. El padre y la madre deben educar al niño para que alcance su destino, que es un destino cristiano. Apenas ha nacido el niño en este mundo de prueba, cuando Dios, por medio de su santa Iglesia, le aplica las aguas regeneradoras del bautismo, por el cual es hecho hijo suyo, ennoblecido y dotado de las más altas prerrogativas. Luego lo entrega al cuidado del padre y de la madre, sus representantes, para que críen a su hijo como corresponde a un hijo de Dios, y lo eduquen para que llegue a ser un digno miembro de la Iglesia, un buen cristiano católico.

Educar cristianamente al hijo es el deber que Dios ha impuesto al padre (y a la madre). Este deber sólo puede ser cumplido por un padre verdaderamente cristiano. Si el padre no tiene el verdadero espíritu cristiano, si su vida no tiene un verdadero carácter cristiano, si carece de fe, podrá hacer todo lo posible por sus hijos, pero no realizará ni podrá realizar la obra de vida que Dios le ha asignado. Lo que es más importante de todo, aquello sobre lo cual descansa su bienestar en el tiempo y en la eternidad -la verdadera piedad cristiana y el temor del Señor- se les niega a sus hijos, o no se les imparte de la manera apropiada.

La madre cristiana sola no basta.

Puede decirse que "si la madre es verdaderamente cristiana le irá bien al hijo, aunque el padre no tenga el verdadero espíritu cristiano". Es verdad que la madre, especialmente en los primeros y tiernos años del niño, tiene el mayor deber de implantar en él el verdadero espíritu y sentimiento cristianos, y de introducirlo en la vida cristiana. Y así, un niño que no tiene la dicha de tener un buen padre cristiano, tiene una gran recompensa en una madre verdaderamente cristiana. Pero, sin embargo, la educación de un niño de una manera saludable y en la forma requerida por la voluntad divina no se llevará a cabo si la madre cristiana no tiene un marido cristiano que ponga su mano a la obra y la ayude. El Señor no ha confiado el hijo al padre o a la madre, sino al padre y a la madre juntos. Padre y madre forman un todo completo, incluso por naturaleza. "Por eso", dicen las Escrituras, "dejará el hombre a su padre y a su madre y se unirá a su mujer, y serán dos en una sola carne". El Señor ha perfeccionado esta unión en el santo sacramento del matrimonio, en el que el esposo y la esposa quedan unidos por un vínculo misterioso e indisoluble. Ya no son dos, sino uno, dos en una sola carne.

Esto está en armonía con el decreto del Señor. Esta relación entre el hombre y la mujer, tan íntima y sobrenaturalmente unidos y bendecidos por la virtud misteriosa y sobrenatural del sacramento, debe ser, según el decreto de la sabiduría divina, el terreno santo del que broten y crezcan hombres nuevos que sean hombres de bien, cristianos, miembros dignos del reino de Dios en la tierra y en el cielo.

Ni la madre sola ni el padre solo dan la vida al niño. Deben, pues, unirse para conducirlo a la meta señalada; deben unirse en la obra de su educación cristiana. La madre puede esforzarse por dar al niño una buena educación cristiana, pero si el padre no ayuda, si no ejerce una influencia saludable sobre el niño, su educación difícilmente se logrará, o no de la manera deseada. Por mucho que haga la madre para suplir lo que falla el padre, la reparación será siempre difícil, al menos sin una gracia particular de lo alto.

Considera los caminos de la naturaleza. El Creador ha creado para cada planta y animal un círculo de influencias saludables, de las que dependen su prosperidad y crecimiento. Si falta alguna de estas influencias, se retardará el desarrollo de la planta o del animal.

Lo mismo sucede con el hombre. Así como Dios provee para la existencia del niño, así también ha ordenado padres para su ulterior desarrollo; no padre o madre solamente, sino padre y madre. La influencia de ambos debe unirse en el niño y actuar sobre él para que se cumplan el designio y la voluntad de Dios. El Creador ha dotado más plenamente a la naturaleza femenina de la madre con aquellas cualidades peculiares y disposiciones del corazón que se requieren para una formación saludable, mientras que ha dotado en un grado más alto a la naturaleza masculina del padre con aquellas cualidades de la mente y la voluntad que aseguran los buenos resultados de la educación. Y como el padre y la madre, cuando trabajan juntos, llevan a buen término la obra divinamente designada de la educación, se deduce que en esta unión de marido y mujer se hacen operativas todas las influencias que el gran Padre omnisapiente ha ordenado para una educación saludable.

Esto es verdad en todas las relaciones y condiciones, pero lo es más particularmente en la educación cristiana de los hijos. La piedad cristiana toma ciertos matices o colores de las peculiaridades, características del hombre o de la mujer, y es diferente según proceda del padre o de la madre. Este matiz o coloración procedente de la piedad de la madre tendrá las peculiaridades de la naturaleza femenina, del corazón, de la disposición, y por tanto un cierto fervor o ardor, mientras que en la piedad del padre prevalecen el juicio y la severidad, incluso a expensas de la ternura. Así pues, cuanto más influyan en el niño el padre y la madre en el buen sentido -la madre con su amabilidad y dulzura, el padre con su inteligencia y fuerza masculina-, más perfecta será la piedad cristiana del niño. Pero si la madre o el padre trabajan solos, las características de uno prevalecerán en el niño con exclusión del otro, y la educación del niño no se efectuará de la manera deseable.2

El padre también debe ser verdaderamente cristiano.

Es evidente, por lo que se ha dicho, que en la educación de los hijos el padre, en unión con la madre, debe trabajar en esta gran obra para llevarla a una feliz consumación. La llamamos una gran obra. ¿Y no lo es? Se trata del asunto más elevado e importante, del que depende el bienestar temporal y eterno del hombre. Digamos lo que digamos o intentemos lo que intentemos, debemos volver siempre a la misma verdad, a saber, que el hombre sólo puede encontrar la verdadera felicidad para el tiempo y la eternidad en una vida verdaderamente cristiana. Si también es verdad que, según la regla, el hombre llega a vivir una vida verdaderamente cristiana sólo cuando de niño ha sido conducido a ella por los esfuerzos unidos del padre y de la madre, ¡cuán grande es la obligación de los padres de conducir a sus hijos a una vida piadosa y cristiana! Esto no significa otra cosa que poner los cimientos de su verdadera felicidad para el tiempo y la eternidad, y cumplir su condición.

Cuanto mayor es esta tarea del padre, y cuanto más imperativo es su deber de tomarse escrupulosamente a pecho su cumplimiento, tanto mayor y más santa aparece la obligación de ser él mismo un cristiano verdadero y práctico. Porque nunca, como ya hemos dicho, podrá cumplir esta gran tarea si él mismo no está animado de sentimientos cristianos, si él mismo no lleva una verdadera vida cristiana.

Imaginemos por un momento a un padre que no cumple estos requisitos. Es indiferente a Dios, a la religión y a la virtud, perezoso y negligente en la oración; rara vez se le ve rezar en casa. No es aficionado a ir a la iglesia; los domingos, una misa baja es todo, si acaso eso; los sermones rara vez o nunca los oye; se confiesa y comulga muy raramente, tal vez ni una vez al año; nunca se entrega a conversaciones sobre asuntos religiosos, o tal vez cuando lo hace es sólo en detrimento de la religión. ¿Qué se puede esperar de todo esto sino perversidad de conducta y comportamiento? Es dado a expresiones de impaciencia e ira, falta de amabilidad y severidad, injusticia al juzgar a otros en pensamiento y obra, odio y enemistad hacia otros. Es dado a todo tipo de desorden en la vida diaria, glotonería en el comer, intemperancia en el beber, insinceridad, mentiras y engaños. ¿Cómo puede un niño que crece bajo tales circunstancias e influencias adquirir sentimientos o formación cristianos? ¿Y si la madre no es mejor, si es dada a prácticas semejantes? ¿Acaso un hijo de tales padres no ha de volverse casi necesariamente perverso y depravado?

¡Cuántas tristes pruebas de esto ofrecen nuestros tiempos! ¡Qué degeneración se encuentra con frecuencia entre los niños y las niñas, los jóvenes y las jóvenes! Ningún rastro de piedad cristiana; la mayor indiferencia y descuido en los ejercicios religiosos; sí, abierto desprecio por la religión, duda e incredulidad. Y ¡qué degeneración moral implica esto! ¡Qué comienzo para la felicidad de la vida! ¡Qué sacrificio al pecado y al exceso! Muy triste y conmovedor, pero no sorprendente cuando vemos cómo se comportan los padres y las madres. Infelices los hijos que no reciben de aquellos a quienes Dios ha constituido sus jefes y guías para la salvación las condiciones esenciales de ésta: la piedad y el temor de Dios. ¡Qué terrible cuenta deben rendir tales padres!

Pero supongamos que un niño cuyo padre actúa de la manera que acabamos de describir tiene, sin embargo, una buena madre, y recibe de ella una buena educación cristiana. En este supuesto, a la eficiencia de la madre, que es tan esencial, le falta todavía el complemento de la cooperación del padre, y la consecuencia es que la formación cristiana del niño no se logra con éxito. No es en modo alguno satisfactoria. Y además, aunque tal padre no secundaría a la madre en sus esfuerzos, de muchas maneras interrumpiría, obstaculizaría y frenaría su eficiencia, o positivamente ejercería una influencia perjudicial sobre el niño: lo que ella construye, él lo derriba.

Todo depende de que el niño, desde la infancia, reciba impresiones saludables y religiosas en el hogar; que la religión y la virtud le parezcan lo más importante y honorable; que se le acostumbre a ver y juzgar todo a la luz de la fe; que aprenda de la fe cómo vivir. Todo esto puede lograrse con los esfuerzos de una buena madre, y, sin embargo, no será perfecto si el niño percibe que lo que la madre representa como digno e importante es un asunto indiferente para el padre; que éste se preocupa poco de ello, y rara vez o nunca habla de ello. ¿Y cómo será si el niño observa que el padre no sólo es indiferente a los esfuerzos saludables de la madre, sino que en realidad les tiene aversión? ¿Y si oye palabras y discursos que expresan esa aversión?

O se trata de conducir al niño a una vida cristiana. La madre se dedica a ello. Instruyendo, animando, dirigiendo con la palabra y el ejemplo, procura desde temprano acostumbrar al niño a la oración matutina y vespertina, a visitar la iglesia, a escuchar la palabra de Dios y a recibir los sacramentos en los momentos oportunos; le previene contra el pecado y le conduce a vencerlo; se esfuerza por acostumbrarle a la práctica de las virtudes cristianas. Pero ¡oh cuán perversamente pueden ser destruidos por el padre los resultados de sus admirables esfuerzos! ¿O podemos esperar que el niño tenga debidamente impresos en su corazón estos esfuerzos y prácticas cristianas si observa poco o nada de ellos en su padre, o que éste es indiferente o reacio a ellos?

El efecto de la indiferencia o aversión del padre hacia ellas será tanto peor cuanto mayor es la disposición natural del niño a imitar especialmente al padre, y cuanto mayor es la autoridad y la influencia que el padre ejerce sobre el niño a medida que crece. Por tanto, es muy fácil que el niño, poco a poco, y a pesar de toda la guía e instrucción de la madre, se vuelva negligente en la oración si nunca ve rezar al padre, o si lo ve hacerlo poco. El padre es negligente en la asistencia a la iglesia y actúa como si no tuviera importancia; ¿qué es de extrañar si el niño, poco a poco, se vuelve igualmente negligente? El padre evita oír la Palabra de Dios, saliendo al sermón; el hijo le sigue por el pasillo y se va. ¿Por qué los hijos de semejante familia reciben tan raramente los sacramentos, mientras que otros los reciben con tanto celo? Porque han visto y seguido el ejemplo de su padre. Es un viejo proverbio: El ejemplo atrae. Las palabras de la madre pueden instar y exhortar, pero el ejemplo del padre atrae a los hijos y es imitado por ellos.

Así, la vergüenza de ciertos pecados y acciones perversas se extinguirá poco a poco en el niño si observa estos pecados y acciones en el padre, y pronto los imitará. Y las virtudes cristianas, ¿es probable que un niño persevere en la práctica de ellas si no ve al padre practicarlas?

Comprendedlo bien, padres, y pensad cuán grande e irreparable es el daño que infligís a vuestros hijos cuando no perseveráis en el sentimiento cristiano y lleváis una vida verdaderamente cristiana. Por vuestra culpa falta aquello de lo que más que todo depende el bienestar de vuestros hijos y sin lo cual no pueden asegurar su salvación. Sí, con vuestro mal ejemplo causáis directamente su ruina. ¿Cómo darás cuenta en el último día al que te dio estos hijos, sus hijos? ¡Qué temible juicio os espera, qué terrible será vuestro castigo!

Importancia de esta obligación.

Entre los muchos y poderosos motivos de vida cristiana que nuestra santa fe ofrece a todos, el más fuerte para un padre es el amor y la consideración hacia sus hijos. Uno de sus más santos deberes, del que depende íntimamente su salvación, es educar a sus hijos en la piedad y en el temor de Dios; y esto no puede hacerlo si él mismo no está confirmado en la piedad y en el temor de Dios. Cuantos más hijos le ha dado Dios, más obligaciones tiene de practicar una vida verdaderamente cristiana.

Dichoso el niño cuyo padre cumple estas obligaciones, cuyo padre, en unión con la madre, es activo en la obra infinitamente importante de su formación religiosa y moral. La saludable influencia que la piadosa madre ejerce con este fin se ve aumentada en gran medida por el hecho de que el padre está imbuido de piedad y temor del Señor. Entonces todo lo que el niño oye, ve o aprende es cristiano, de acuerdo con las enseñanzas y preceptos de nuestra santa fe. La Iglesia, sus enseñanzas, sus preceptos, sus costumbres y las virtudes de la vida cristiana se hacen cada vez más venerables y santas para el niño, porque son santas para el padre y la madre. Lo que se opone a estas santas enseñanzas, preceptos y costumbres le resulta cada vez más detestable, y lo rehúye y evita, pues el padre y la madre hacen lo mismo. Desde su más tierna juventud, le será natural pensar, reflexionar, juzgar, hablar y obrar cristianamente, realizar con fidelidad y celo los ejercicios de la vida cristiana y practicar las virtudes cristianas, porque el padre y la madre así lo hacen y su vida es su espejo. Su ejemplo pone poderosamente en acción esa propensión a imitar que Dios ha implantado en su naturaleza. Sí, sería asombroso que un niño que tiene un padre y una madre verdaderamente cristianos no fuera valiente y bueno, instruido y feliz. Feliz niño, pues, que tiene tal padre y tal madre.

Es una de las mayores gracias para un niño tener una buena madre, pero esta gracia se perfecciona y completa sólo cuando con esta madre tiene un buen padre. Con una buena madre se asegura en alto grado la buena educación del niño, pero aún se asegura más cuando un padre verdaderamente cristiano pone manos a la obra y ayuda a la madre en sus santos esfuerzos.

Oh padres, ¿quién nos dará el poder de haceros comprender cuánto depende de que seáis padres cristianos?

1 Para ello el hombre necesita, desde luego, la gracia.

2 Desde este punto de vista, es muy deplorable que los niños pierdan a su padre o a su madre por muerte. Cuánto hay que temer que su educación sea defectuosa. ¿No podemos esperar que en tales casos Dios, padre de la viuda y del huérfano, supla lo que pueda faltar?

EL PADRE CRISTIANO MODELO

Hasta ahora hemos dado varias características de este modelo; ahora, debido a su gran importancia, las presentaremos de manera más completa.

El esbozo.

1 ¿Quién es un padre cristiano? En general, la respuesta es muy sencilla. Un padre es un padre cristiano cuando es un buen cristiano (católico). Pero, ¿quién es un buen cristiano católico? Todo el mundo conoce la respuesta. Es un cristiano católico que, cooperando con la gracia de la fe, no sólo acepta y sostiene firmemente las doctrinas enseñadas por nuestra santa religión, sino cuyos pensamientos, palabras, actos y vida entera están regulados por las doctrinas y preceptos de la fe.

Para ser cristiano católico no basta con conocer las enseñanzas de nuestra santa religión y creer en ellas, sino que el hombre debe hacer operativas esas enseñanzas en su vida; debe profesarlas públicamente de palabra y obra, y manifestar con su conducta pública que es cristiano católico.

Así debe actuar todo hombre, sea padre o no. Es la condición para ser en realidad un cristiano católico, y no meramente un supuesto cristiano; es una condición de salvación. Pero el padre está obligado más imperativamente en esta materia a causa de sus hijos, porque es una condición sin la cual los hijos no pueden llegar a ser buenos cristianos católicos. Es un padre verdaderamente cristiano quien así actúa y vive. El padre cristiano tiene ciertos deberes paternales que cumplir para con sus hijos, pero como buen cristiano cumplirá estos deberes por su propio bien, pues estos deberes particulares pertenecen también a los deberes de la fe cristiana y se cuentan entre los más santos de ellos.

He aquí otro esbozo del esquema: Un padre en el que se presenta a los ojos de sus hijos la imagen de un buen padre cristiano es aquel en el que éstos pueden ver lo que es un cristiano católico, cómo juzga, qué ama, qué rehúye, cómo habla, cómo calla, qué evita, qué hace y cómo lo hace.

¿No se ve claramente en esto lo que significa ser un padre verdaderamente cristiano? Del ejemplo de un padre así surge una doble ventaja; sólo la indicamos aquí:

En primer lugar, los hijos aprenden de la manera más sencilla su santa religión, sus enseñanzas y preceptos, y las diversas relaciones de una recta vida cristiana. Su padre y su madre se las presentan diariamente a sus ojos en una serie de imágenes vivas. ¿Cuánto mejor comprende un niño esta aplicación práctica de las enseñanzas cristianas que la instrucción pura y simple? Es más fácil ver e imitar que comprender, más fácil mostrar cómo actuar que decir cómo actuar. Este hecho se aprecia incluso en nuestras escuelas, donde se utilizan imágenes para que el niño pueda ver con sus ojos lo que se le enseña con palabras, y por este medio entiende su lección mucho más fácil y mejor.

En segundo lugar, los niños, suponiendo que los padres no sólo conozcan y crean la religión cristiana, sino que también la practiquen, tienen ante sus ojos los actos y la vida del padre y de la madre, y de este modo serán conducidos, de una manera más sencilla y mejor, a la práctica y a la vida cristianas de lo que podrían serlo con una mera enseñanza verbal. Cuánto más fuertemente nos impresiona a todos, pero particularmente a los niños, lo que se nos presenta diariamente que la mera instrucción verbal. Y aquí debe observarse que los niños tienen una fuerte inclinación a imitar lo que observan en su padre y en su madre. Esta inclinación o impulso fue puesto en sus corazones por Dios mismo.

Por eso, repetimos, sería sorprendente que un niño que tiene ante sus ojos, en su padre y en su madre, la imagen de un buen cristiano católico, no se convirtiera también en un buen cristiano católico.

Mientras escribimos esto surge en nuestro corazón la conciencia más viva y sorprendente de cuán sumamente importante es que un padre sea un buen cristiano; y cuanto más tenemos el triste conocimiento de que muchos no son cristianos, tanto más nos sentimos aquí impulsados, antes de dar los detalles de la imagen del padre, a prologarla con una advertencia.

Una palabra al corazón del padre.

Usted ama a sus hijos. El deseo de verlos felices ha crecido en tu corazón. Por lo tanto, repetimos, tu deseo nunca se realizará si no los educas como buenos cristianos... nunca. Estad seguros de que si no los educáis como buenos cristianos, estaréis poniendo una causa que destruirá su felicidad, una causa que los llevará a la miseria eterna. Deben hacer que sus hijos sean buenos cristianos si desean asegurar su bienestar.

De nuevo, tu deseo de la felicidad de tus hijos nunca se realizará si tú mismo no eres un buen cristiano católico, nunca. ¿Puede un comerciante que no practica su oficio o que no lo entiende instruir a un aprendiz para que se convierta en maestro del oficio? ¿Puede enseñar a un joven a ser maestro de un arte si él mismo lo ignora? Mucho menos puede un padre educar a sus hijos para que sean buenos cristianos si él mismo no lo es.

Esta es la situación en la que te encuentras.

Debes hacer felices a tus hijos, y deseas hacerlo desde lo más íntimo de tu corazón; no puedes hacerlos felices si no te ocupas de que crezcan como buenos cristianos; y no puedes hacerlo si tú mismo no eres un buen cristiano, o si no te esfuerzas fervientemente por serlo. Así son las cosas, lo creas o no; lo olvides o no, no cambia el caso; así son y así permanecen; la felicidad de tus hijos depende de que tú seas un buen cristiano católico.

Pero, ¿lo eres? ¡Ay, no! Atrás queda una juventud malvada y pecadora, llena de ligereza, indiscreción y pecado. Tu vida pasada ha luchado contra tu corazón cristiano, contra tu conciencia y quizás incluso contra tu fe. Te has arrojado en brazos del pecado, la impureza y la intemperancia. Has tenido la desgracia de relacionarte con jóvenes disolutos. Tal vez fuiste soldado en nuestra última guerra, y de tus compañeros adquiriste muchos malos hábitos. Las grandes campañas por las que has pasado, y de las que con razón te enorgulleces, tal vez han aflojado tu conciencia y debilitado tu fervor. Añade a esto los malos libros y los malos periódicos que te arrastran, a la deriva como una paja en la marea. ¡Oh, cómo han llenado de veneno tu alma y tu vida estos escritos que has devorado!

Así es tu vida. Además, por un exceso de afán mundano, te has alejado de Dios, te has entregado a los pecados, y muchos incluso de la peor clase. Todavía pesan demasiado sobre tu conciencia, porque nunca te has comprometido seriamente a reconciliarte con Dios mediante el arrepentimiento y la confesión que una vida así hace necesarios, y estás ante Él en desgracia.

¿Y qué hay de tu fe? ¿No ha sido debilitada por todos esos excesos pecaminosos de tu vida, por conversaciones disolutas y frívolas y malos ejemplos, por todos los malos libros y periódicos que has leído?

Pero si aún no estás tan debilitado, ¿cómo está tu cristianismo? ¿Cómo es que todo lo que concierne a Dios, a la religión y a la salvación de tu alma está tan lejos de ti, te es tan extraño, y por qué eres tan indiferente a estas cosas? No rezáis, o vuestra oración es una repetición ociosa de fórmulas memorizadas. No amáis la Iglesia ni el servicio divino; con qué desgana vais a la iglesia, con qué poca frecuencia, y además sin simpatía ni participación de corazón. En cuanto a la confesión y la comunión, les tienes aversión y las evitas en la medida de lo posible. Y cuando vas, ¡ay! la pluma se niega a dar plena expresión a los pensamientos. Y tu vida diaria, cuán llena de desorden, irregularidad, perversidad y pecados de muchas clases: ira e impaciencia, severidad y falta de amabilidad con la esposa, los hijos y el hogar. Añade a esto la intemperancia en el comer y en el beber, la violación de la santa pureza; ¿y no hay también deshonestidad, mentiras y fraudes en los negocios y en el tráfico, y posesión injusta de la propiedad?

¡Y tú eres padre! ¡Pobres niños que tienen un padre así! ¿Quién os educará como buenos cristianos católicos? Y, sin embargo, sin esto nunca seréis felices. ¿Será de otro modo con vosotros, seréis con el tiempo mejores que vuestro padre? Oh, cuánto es de temer que su ejemplo tenga más influencia sobre vuestros jóvenes corazones que toda la instrucción que podáis recibir en otra parte. Con el corazón sangrante lo vemos venir, también vosotros seguiréis con el tiempo los perversos pasos de vuestro padre, también vosotros os entregaréis a las frivolidades y al pecado, también vosotros llevaréis una vida poco cristiana y perderéis la fe. Seréis infelices. ¡Pobres hijos!

Oh padre, ¿no te conmueve el destino inminente de tus hijos?

Entonces, ¡ten piedad! Conviértete en lo que debes ser para hacerlos felices, conviértete en lo que hasta ahora no has sido, de ahora en adelante conviértete en un buen padre.

Cualquiera que haya sido tu vida pasada, por muy llena de pecado y de maldad que esté en el presente, al menos ahora desea seriamente, desea convertirte en un buen padre cristiano. Mira a tus hijos y dite a ti mismo: "Nunca podrán ser verdaderamente felices si no me convierto en un buen padre cristiano". Entonces que tu amor por tus hijos y tu deseo de su felicidad desarrollen toda su fuerza en tu corazón y te lleven a la firme resolución: "Sí, en adelante seré un buen padre".

Ten por seguro que tal resolución causará alegría en el cielo. El gran Padre celestial responderá a tal resolución con misericordia y gracia. Tened la seguridad de que, como tiene tan presente la salvación de vuestros hijos y la vuestra propia, y como desea que lleguéis a ser un buen padre cristiano, está dispuesto y preparado para ejercer misericordia con vosotros y perdonar vuestros pecados si apeláis a él con un corazón humilde y contrito.

Está dispuesto a ayudarte con todas las gracias para que llegues a ser un buen padre cristiano. Ciertamente, si hay alegría en el cielo por un pecador que hace penitencia, habrá una alegría doble por un padre que hace penitencia y resuelve convertirse en un buen padre cristiano; sí, tantas alegrías como hijos tenga; sí, como hijos de hijos pueda tener. Su reforma es la liberación de ellos, su salvación la salvación de ellos. Levántate, pues, y sé en adelante un buen padre cristiano.

De esto depende tu propio bienestar en el tiempo y en la eternidad. O di, ¿has encontrado en todos tus actos e inclinaciones anteriores lo que tu corazón deseaba? Vamos, reconócelo. Si quieres dar testimonio de la verdad y abrir lo más íntimo de tu alma, debes confesar que nunca encontraste la verdadera paz del alma en toda tu vida anterior no cristiana.

La fe cristiana y la vida cristiana son el camino de salvación divinamente designado para el tiempo y la eternidad. En él, y sólo en él, se encuentra la paz y la verdadera felicidad en esta vida y en la venidera. En él "hallaréis descanso para vuestras almas". Fuera de ella, y al apartarse de ella en el pecado y la perversidad, está la pérdida de la verdadera paz y felicidad; sí, más aún, su destrucción, infortunio, angustia, sufrimiento, ruina. "Tribulación y angustia en el alma de todo el que hace lo malo".

Debes, pues, ser un verdadero cristiano para ser feliz tú mismo, y para hacer felices a tus hijos. Si eres un buen cristiano, también serás un buen padre y asegurarás la felicidad de tus hijos, porque no sólo cumplirás tus deberes paternales para con ellos, sino que también les presentarás a lo largo de tu vida la imagen de un buen padre cristiano, y así, con la gracia de Dios, te asegurarás de que ellos también lleguen a ser buenos cristianos y sean felices; porque todo verdadero y buen cristiano es feliz.

El cuadro completo.

Completemos ahora el cuadro de tal padre cristiano en sus rasgos individuales, tal como aparecen a los ojos de los hijos.

Por su conversación, acciones y conducta es evidente que es un verdadero hijo de la santa Iglesia católica; que todas sus enseñanzas, preceptos y costumbres son santos a sus ojos; que es firme en la fe católica y está dispuesto, cuando la ocasión lo requiere, a declararla sin reservas.

Los hijos ven los días de ayuno y abstinencia observados por su padre; le ven hacer con reverencia la señal de la cruz; le ven venerar las cosas bendecidas por la Iglesia; no desdeña adornar su casa con imágenes religiosas. Es -lo ven a diario- dado a la oración. Reza antes y después de las comidas; reza por la mañana y por la noche y en muchas otras ocasiones.

Los domingos y las fiestas se observan con reverencia; no se trabaja más que lo necesario. Le gusta pasar algún tiempo en la iglesia, no sólo en la misa baja, sino también en la misa mayor, la predicación y las vísperas. Le gusta conversar en casa, hablar de las solemnidades de la Iglesia y de lo que se ha dicho en el sermón. Se interesa por la Iglesia y su suerte, por su cabeza, el santo padre, y por todo lo que le concierne, y le gusta hablar de todas estas cosas; los niños las oyen de sus labios y se edifican; les explica los asuntos y sucesos del día y les da saludables instrucciones, explicaciones y sugerencias. Le ven ir más de una vez al año a confesarse y comulgar, y con qué santa seriedad cumple estos deberes.

En su casa, los sacerdotes reciben el honor y el respeto debidos; los niños ven y observan que el padre los trata de acuerdo con su dignidad y mantiene su oficio con honor. Lo mismo ocurre con los maestros; lo mismo con las autoridades civiles, según la máxima "Honor a quien honor merece". La familia tiene su historia; los acontecimientos se suceden, felices o no, y reciben la consagración de la Iglesia. Todo se comienza con Dios -según su importancia con mayor o menor solicitud-, con oración, devoción, solemnidad.

Así, todo en la vida de la familia recibe en la consagración de la Iglesia una coloración religiosa, no de un modo ostentoso, farisaico, sino de un modo sencillo y según el espíritu católico.

A esta formación religiosa y a esta coloración católica de la vida familiar va unida la correspondiente tendencia moral. Toda la vida es católica en pensamiento, palabra y obra.

Ante todo está la relación del padre con la madre, con los hijos y con los demás miembros del hogar. Una relación cristiana de amor, concordia y paz produce mansedumbre, tranquilidad y compostura, saboreadas por el servicio mutuo y el acatamiento. Y si de vez en cuando, por la debilidad humana, surgen malentendidos, no son más que ligeras nubes que ensombrecen momentáneamente los claros rayos del sol de la paz. Todo esto está bellamente expresado en las palabras del Salmista:

"He aquí cuán bueno y cuán agradable es que los hermanos vivan juntos en la unidad; es como el ungüento precioso sobre la cabeza, que corría sobre la barba, la barba de Aarón; que corría por la falda de su manto, como el rocío del Hermón, o el que descendía sobre el monte Sión "2.

La caridad, esa marca distintiva del verdadero cristiano, es aquí doméstica; nadie está exento de ella. El padre tiene -los hijos ven constantemente nuevas pruebas de ello- un corazón para todos; por lo tanto, nada de hablar sin caridad de los demás, nada de buscar culpables, nada de calumnias, nada de detracciones ni calumnias; fuera los celos y la envidia, la antipatía, el odio y la venganza; fuera el mortificar o herir al prójimo. En la medida en que se encuentra en él tal padre realiza las palabras del Apóstol: "Seguid la paz con todos los hombres".

El pobre y el necesitado encuentran un oído atento y un corazón dispuesto a prestarles toda la ayuda posible. No hace falta añadir que en esta casa no se conocen, ni se toleran, las ofensas al decoro cristiano, la intemperancia y la glotonería.

Para concluir: el padre -tal era nuestra suposición- es un buen cristiano católico, y por esa razón un buen padre. La madre es una madre verdaderamente cristiana. ¿Qué sigue? El espíritu que anima al padre y a la madre impregna poco a poco toda la casa; este espíritu nutre tanto en los padres como en los hijos esos preciosos frutos que el Apóstol llama los frutos del Espíritu Santo. "Son", dice, "caridad, alegría, paz, paciencia, benignidad, bondad, longanimidad, mansedumbre, fe, modestia, continencia, castidad".

Llenan toda la casa con su dulce fragancia y regocijan el corazón con su sabor agradecido; promueven el aumento del espíritu cristiano y el crecimiento de toda virtud en los corazones y las vidas de los niños; son un dulce sabor ante el Señor, y su gracia reina sobre tal casa y sus moradores.

¡Felices los niños que crecen en una casa así! ¡Felices los niños que tienen un padre así!

¿Cómo puede realizarse esta imagen?

Pero, ¿no esperamos demasiado del padre, del hombre? ¿No es la piedad, descrita en el cuadro anterior, asunto de la madre -la mujer- y no exigible al hombre?

Nada más lejos de nuestra intención que exigir del padre algo que le es imposible, o que sólo es posible a expensas de su carácter masculino. No le exigimos nada más de lo que su carácter de cristiano exige de él como padre, nada que pueda herir su carácter masculino, nada de lo que él, como hombre, pueda avergonzarse; por el contrario, lo que le exigimos ennoblecerá aún más su naturaleza masculina y hará de él lo que Dios quiso que fuera: un verdadero hombre.

¿Qué se requiere, pues, de un hombre para ser un buen padre cristiano? Primero y más importante, debe ser devoto; debe aceptar y sostener las doctrinas de nuestra santa religión tal como las enseña la Iglesia, y las verdades que Dios ha revelado. ¿Qué hay aquí indigno de un hombre o imposible para él? ¿Podemos imaginar que alguien de suficiente inteligencia que examine serenamente la religión pueda dejar de aceptarla como verdadera? ¿Cómo, pues, ha sucedido que en todos los tiempos hombres que se han hecho notar por sus talentos y sabiduría, y que han tenido las mejores oportunidades para examinar y sopesar las razones en pro y en contra, no han encontrado razón alguna para dudar de las doctrinas de nuestra santa religión, sino que, por el contrario, las han abrazado con devota confianza y alegría? Es verdad que hay y ha habido siempre muchos conspicuos por su inteligencia y capacidad, que se sintieron justificados para rechazar la fe; pero estemos seguros de que no fue a causa de su inteligencia o porque no hubieran encontrado nada en la fe, sino porque por el mal uso de sus talentos y su pecaminosa degeneración habían perdido el sentido de las enseñanzas de la fe, así como la gracia de la fe.

¿Qué se exige de un padre cristiano? Se le exige que practique ciertos ejercicios de la vida cristiana; se le exige que, en proporción a sus circunstancias personales, domésticas y de otra índole, dedique algún tiempo a la oración, a la asistencia al servicio divino, a recibir los sacramentos y a dar a sus hijos el ejemplo de una vida católica fiel.

¿Qué hay en esto de indigno o impropio de un hombre? Hemos admitido que todos estos deberes no deben hacerse exactamente como los realiza la madre, aunque eso, según las circunstancias, está en orden y es recomendable; pero siempre podemos mitigar estos requisitos en los supuestos casos sin temer que el padre sufra por ello en su carácter cristiano. En los deberes a que nos referimos, conserve siempre el padre su carácter masculino, pero en la forma debida. Pero comprender cómo puede ser en modo alguno indigno de un padre practicar aquellos ejercicios que el espíritu de la religión y los preceptos de la Iglesia le imponen, o que ello lesione su dignidad masculina, sobrepasa nuestra comprensión. Desgraciadamente, el número de los padres celosos en esta materia no es muy grande; pero no cabe duda de que entre los que pertenecen a este número se encuentran los hombres auténticos y verdaderos. ¿Quién se atrevería a poner en duda la hombría de los líderes del Centro en la cámara de diputados de Berlín? Todo el mundo católico los considera modelos de verdadera hombría; incluso sus adversarios lo admiten. Pues bien, se sabe que son verdaderos y devotos miembros de la Iglesia; que son particularmente celosos en la práctica de esos piadosos ejercicios.3 ¿O es imposible que un hombre, según su condición en la vida, demuestre ser un buen padre cristiano mediante un celo adecuado en esos ejercicios religiosos? Quien afirma esto queda directamente refutado por el hecho de que hay, y siempre ha habido, en todas las clases y condiciones de vida, padres que han practicado estos ejercicios y cumplido todos los requisitos de su vocación cristiana y paternal. ¿Por qué habría de ser imposible para un padre? Es lo mismo que decir que es imposible llevar una vida cristiana. Son lo mismo. Admitimos que a veces puede ser difícil para un padre, y requerir cierto esfuerzo, perseverancia y sacrificio. Pero quien por eso se cree justificado a renunciar, renuncia a esa recompensa futura que sólo puede obtenerse mediante un gran esfuerzo. "El reino de los cielos sufre violencia, y sólo los violentos lo llevan".

Por último, ¿qué se exige de un padre cristiano? Se requiere que evite escrupulosamente lo que nuestra santa fe condena y prohíbe; que estudie para cumplir los deberes de una vida cristiana, y que practique la virtud. Esto debe hacer todo cristiano si quiere alcanzar su salvación. Pero si un padre hace esto, es, de hecho, un buen padre cristiano, y sólo hace lo que, como cristiano, debe hacer. ¿No es esto posible para él? ¿No le es posible, pues, ser un buen cristiano? ¿Quién, entonces, puede excusarse? ¿Quién alega imposibilidad?

Pero seamos justos.

Debemos insistir en que todo padre debe ser un padre verdaderamente cristiano. Decir que la piedad que se requiere de un padre no es practicable o conveniente en un hombre es contender contra la razón y la fe.

Sin embargo, no se puede negar que el padre, en la práctica de la piedad que se requiere de él, se encuentra muy a menudo con muchas dificultades. No se trata de las dificultades generales que se encuentran en la vida cristiana de todos los tiempos, sino de las dificultades particulares que, en mayor o menor medida, encuentra el padre. Se encuentran en parte en su naturaleza masculina y en parte en los deberes y circunstancias particulares de su vida.

Mientras que la madre es llevada a la práctica de la piedad por su inclinación natural, con el padre esto es mucho menos frecuente. Él se rige más por la fría razón. Hace por cálculo y sentido del deber lo que la madre hace por impulso e inclinación. Su camino es ciertamente más difícil. Por lo general, no encuentra en la práctica de una vida cristiana tanta satisfacción como la que experimenta la madre; esto también se lo hace más difícil. Generalmente está más ocupado en los trabajos y preocupaciones de la vida; por lo tanto, a menudo le resulta bastante difícil perseverar en su devoción a Dios, mantener el sentido de las cosas superiores y el fervor de una vida cristiana. A esto hay que añadir que la vida del hombre está generalmente más sujeta a peligros y tentaciones de muchas clases que la de la madre en su esfera más limitada y apartada. Su vida expuesta, ¿no le llevará demasiado al goce de los placeres, a las visitas desmedidas a las casas públicas, a la intemperancia en la bebida, a las ofensas contra la justicia cristiana, a las ofensas contra la pureza? Y luego, ¡el peligro para su fe! Estos peligros consisten en la indebida preponderancia del mero intelecto, y aún más en la influencia perjudicial que ejerce sobre él la inevitable relación con hombres indiferentes en la fe o entregados a la incredulidad; añádase a esto la lectura de malos libros, periódicos y otros escritos.

Todas estas circunstancias están calculadas para llevar a los hombres, poco a poco, a ser indiferentes a Dios y descuidados en los ejercicios religiosos, y para inducirlos a entregarse a las actividades mundanas, a la mentalidad mundana, a la perversidad y a pecados de todo tipo, por los cuales su fe se ve perjudicada o se pierde. ¿Qué hacer, pues?

1 Antes de empezar a pintar un cuadro, el pintor traza sus líneas generales; hace un boceto.

2 Salmo cxxxiii. 1-3.

3 Uno de los mejores, después de la muerte de su esposa, y mientras sus restos permanecieron insepultos, iba todas las mañanas a comulgar para obtener consuelo y fortaleza en su gran aflicción.

EL CUADRO TERMINADO

¿Pueden superarse todas estas dificultades y peligros? Respondemos: Hay, gracias a Dios, muchísimos padres que, aunque expuestos a estas dificultades y peligros, son, sin embargo, muy buenos cristianos. A esto se llega siempre: Si queréis llevar una vida cristiana, debéis tener una voluntad firme, decidida y buena; entonces, con la gracia de Dios, podréis superar los peligros y las tentaciones. ¿Qué hacer, pues?

No multiplicar las dificultades sin necesidad.

Sin duda, la necesidad y las circunstancias inevitables, tales como el trabajo, los negocios, las preocupaciones y las diversiones, dejan a muchos padres poco tiempo para instruir a sus hijos como él desearía instruirlos. Esto es tan deplorable que podemos esperar que en tales casos el Señor mismo, por su gracia, suplirá a los hijos lo que el padre, sin culpa suya, no puede darles.

Pero no podemos razonablemente abrigar esta esperanza si el padre se sobrecarga de trabajo o de negocios sin razón de peso, o por ambición o deseo desmedido de ganancia. Semejante devoción irrazonable al mundo y a los asuntos mundanos le causará un mal a sí mismo; destruirá su alma y hará que la obra más importante de su vida -la buena educación de sus hijos- sea descuidada o no se realice de manera adecuada.

El padre consciente tiene cuidado, y debe tenerlo, de confinar su trabajo o negocio a límites moderados, que correspondan a sus necesidades y circunstancias.

¿No se hace esto en todos los asuntos importantes? Si un hombre tiene una empresa que implica consecuencias importantes, procura dejar de lado o aplazar todo lo que pueda obstaculizar su éxito o hacerlo dudoso; además, hace todos los arreglos que puedan contribuir a su éxito. Y en la medida en que se lo proponga, hasta cierto punto tendrá éxito.

Pero, ¿hay algún negocio o empresa que pueda compararse, aunque sea remotamente, en importancia y consecuencias a la tarea del padre? En este caso, entonces, tenemos derecho a esperar el mismo, sí, más cuidado y atención, a hacer todo lo posible para asegurar el éxito.

¿Qué es lo que más interesa a quienes están sobrecargados de negocios o trabajo? ¿No es el bienestar de sus hijos? Es por ellos que adquieren, por ellos que perseveran en el trabajo; tienen en vista su sustento, adelanto y bienestar temporal. Pues bien, si tienen tan en cuenta el bienestar temporal de sus hijos, ¿no deberían tener más en cuenta su felicidad eterna? ¿Es justo para ellos dedicarse de tal modo a su bienestar temporal que uno se vuelve incapaz de hacer nada por su felicidad eterna? ¿No es esto crueldad para con ellos? Ciertamente lo es. Cuando te dedicas tan enteramente a las ocupaciones mundanas, no tienes tiempo para ocuparte debidamente de su salvación.

Padre cristiano, observa moderación en tus ocupaciones temporales. No te dediques por completo a los asuntos mundanos. No te enredes en todas las empresas. Cuida de regular tus asuntos y ocupaciones de modo que te quede tiempo para dedicar a tus hijos; que tengas tiempo libre para hacer por ellos lo que te ayude a ti mismo a progresar en la vida espiritual, para que puedas ser un verdadero padre cristiano. Cuida de que en todas tus ocupaciones prestes la debida atención a tus oraciones diarias, al servicio divino, a la frecuencia de los santos sacramentos y a las demás obras de piedad cristiana.

Evita los peligros.

I. Peligros contra la fe.

El mayor peligro para todo cristiano, y por tanto para todo padre cristiano, se encuentra en aquellas cosas que ponen en peligro o tienden a minar su fe. La fe es el fundamento de toda vida cristiana y, por consiguiente, condición necesaria de la verdadera felicidad del hombre en el tiempo y en la eternidad. ¡Qué desdichada es la vida del hombre aquí en la tierra sin fe! ¡Qué terribles son sus esperanzas en la eternidad! "El que no crea será condenado", dice el Señor, y su palabra es verdad.

La mayor desgracia para el hombre, por tanto, es sufrir el naufragio de su fe; el mayor pecado cuando rompe la fidelidad a la fe y a la Iglesia. Y si tal desgracia le sucede a un padre, el fundamento de una educación cristiana es barrido de debajo de los pies de sus hijos, y así la condición esencial de su verdadero bienestar se hace imposible para el tiempo y la eternidad. ¡Oh, indecible desgracia para una familia cuando el padre ha perdido su fe o incluso vacila en ella!

Y, sin embargo, ¡cuán grande es el peligro que acecha a un padre en estos días malvados, cuando se ve obligado a relacionarse diariamente y cada hora con hombres que vacilan en su fe, que se han convertido en incrédulos, que se burlan de la religión y de la fe, y hacen de las enseñanzas y prácticas de la santa Iglesia un hazmerreír! cuando lee libros escritos por hombres incrédulos e inmorales y repletos de sus sentimientos; cuando toma publicaciones periódicas y periódicos que no se cansan de ridiculizar a la santa Iglesia y sus enseñanzas; y cuando, además de todo esto, lleva esa vida sensual y ociosa que conduce a la gula y a la intemperancia. En realidad, casi se necesitaría un milagro para conservar la fe en tales circunstancias, pues hay tantos caminos peligrosos que conducen al pecado y al libertinaje, que son tantas carreteras hacia la infidelidad.

Oh padre cristiano, acuérdate de tus hijos, y mientras piensas con cariño en ellos considera qué precioso tesoro es la fe para ti, su padre. En efecto, la fe es la condición más necesaria para que tus hijos reciban lo que Dios quiere que obtengan a través de ti, es decir, el don de los verdaderos sentimientos cristianos y una vida que corresponda a ellos. Guarda, pues, cuidadosamente un tesoro en el que tú y tus hijos encontraréis, en el sentido estricto de la palabra, toda bendición para el tiempo y la eternidad. Evita en lo posible todo lo que pueda poner en peligro tu fe. Evita toda relación íntima con personas que no tengan fe, o que no tengan la verdadera fe. Rechazad con desdén todo libro, papel o periódico que contenga ataques contra la Iglesia, la religión y las buenas costumbres.

No creas que todo esto no te perjudicará o no puede perjudicarte. Si vacilas en tu fe, te perjudicará positivamente y seguramente destruirá tu fe. Pero incluso si eres firme en tu fe, tales relaciones y lecturas te harán daño. Gradualmente, pero con seguridad, tendrán el mismo efecto en la vida de tu alma que el frío viento del norte tiene en la naturaleza en primavera; su crecimiento se detiene, los capullos y las flores se marchitan, y a muchos árboles en plena floración se les roba su fruto prometido.

Oh, ¡cuántos que una vez fueron firmes en la fe la han perdido de esta manera! ¿No podemos pensar que muchos de los que han caído no lo habrían hecho si hubieran practicado su religión y evitado leer libros y periódicos malos? Ellos también pensaron que no les haría daño; pero poco a poco inhalaron el veneno que les trajo la muerte. Por eso, oh padre cristiano, ¡advierte!

II. Sobre la visita a las casas públicas.

Apenas es necesario advertir que al mencionar las casas públicas entre las cosas que deben evitarse, no es nuestra intención condenar las visitas a casas públicas decentes y apropiadas. Después de todo, ¿qué culpa se le puede encontrar a un padre que, visitando una taberna decente, toma una copa moderada con sus amigos, y así encuentra la recreación y el descanso que puede necesitar después de los trabajos y la fatiga del día? Es sólo el exceso en este punto lo que merece culpa y censura, y contra lo que uno debe estar en guardia. No es el menor de los efectos desfavorables de visitar las casas públicas el hecho de que el padre pierde más o menos ese espíritu de piedad y el temor del Señor que es de la mayor importancia para sus hijos.

Tal vez sea especialmente el domingo el día en que se toma tan inoportuno recreo, y ¿dónde buscaremos entonces la bendición y la santidad de ese día, del que dependen en tan alto grado la existencia y el progreso de la vida espiritual? ¿O qué puede quedar de los frutos del domingo cuando una gran parte de la mañana, y aún una mayor parte de la tarde hasta bien entrada la noche, se desperdicia en una taberna? De este modo, todo sentimiento y vida religiosos quedan anulados, o perjudicados por la atmósfera maligna que generalmente se encuentra allí. No es de extrañar, pues, que la vida espiritual, que encuentra poco o ningún alimento durante la semana, se extinga poco a poco. Nadie que entienda el asunto puede dudar que la razón principal de la depravación religiosa y moral de muchos se encuentra en el descuido de observar el domingo apropiadamente. No hay nada tan perjudicial para una observancia adecuada del domingo como pasar el tiempo en una taberna.1

Pero aparte del domingo. Si un hombre pasa la mayor parte de su tiempo en la taberna o en una casa pública, el verdadero espíritu cristiano no puede morar en él. Es un camino peligroso y resbaladizo, que conduce poco a poco al vicio fatal de la embriaguez; porque con las visitas repetidas y prolongadas a la taberna se adquiere inclinación y pasión por la bebida. El hecho de que uno no pueda abstenerse de visitar la taberna en ciertos momentos indica una pasión indigna de un cristiano e injuriosa para la piedad. Las impresiones recibidas en tales lugares no están calculadas para ayudarte a adquirir sentimientos piadosos; por el contrario, todo lo que ves, oyes y haces, la conversación, la lectura, el canto, etc., es desventajoso para ti, y su repetición continua alejará cada vez más tu corazón de un hábito cristiano de vida. Y cuando, como sucede con frecuencia en los grandes lugares, cada día que Dios te da lo pasas en la taberna, ¿cómo puede vivir y florecer la piedad cristiana?

Ahora, padre cristiano, ¿cuál ha sido tu hábito en este asunto? Descubrirás tal vez que no estás exento de algún que otro exceso a este respecto. Te aconsejamos, pues, que vuelvas sobre tus pasos y emprendas el camino que conduce a la moderación y regularidad cristianas. Si no lo hace, es de temer que se incapacite para cumplir una de las obligaciones más sagradas para con sus hijos.

Lejos de nosotros el negaros un recreo adecuado y necesario; al contrario, os animamos a que lo disfrutéis, pero, por supuesto, bajo ciertas condiciones. Reflexionad un momento. Pregúntate si el esparcimiento que necesitas sólo lo puedes encontrar en la taberna. Hay muchos hombres en las mismas circunstancias que tú que rara vez o nunca visitan la taberna, y sin embargo están contentos y disfrutan de la vida. La experiencia enseña que quien busca esparcimiento exclusivamente en la taberna no saborea las verdaderas alegrías de la vida. Si usted hubiera aprendido y se hubiera acostumbrado a buscar diversión y esparcimiento en su propio círculo familiar, en la sociedad de su esposa e hijos, o en compañía de amigos y conocidos selectos, encontraría placeres más refrescantes y beneficiosos que los que se pueden encontrar en la atmósfera de la promiscua compañía que se encuentra en la taberna.

Pero no pretendemos discutir la cuestión aquí. Admitimos que, después de todo, es asunto suyo; que no es tan fácil prescindir de la visita a una taberna decente y de la compañía que en ella se encuentra. Si usted piensa así, muy bien; pero observe discreción y moderación. Esto no es una cuestión de opinión, es una obligación. Es tu deber procurar que tus visitas a la taberna no se conviertan en una pasión, un hábito o una necesidad; en una palabra, que no te conviertas en un esclavo. Debes renunciar a las visitas diarias y, poco a poco, habituarte a quedarte en casa. ¿No puedes hacerlo? Si no es así, tu pasión es de naturaleza muy seria, y bien puedes preguntarte si tu conducta no es vergonzosa para ti misma y para aquellos a quienes amas.

Procura no perder el tiempo en la taberna, ni de día ni de noche. ¿No se te ocurre que pasar así hora tras hora es impropio y vergonzoso? Ya es bastante malo para cualquier hombre, pero es especialmente malo para el padre de una familia tener el hábito de quedarse hasta tarde por la noche en tales lugares. Nada es tan destructivo para la verdadera moralidad cristiana.

Pero este consejo es inútil a menos que decidas establecer ciertas reglas fijas para ti mismo sobre este punto, reglas de las que no te desviarás a menos que sea por razones muy graves. La primera regla se refiere al tiempo. Es la siguiente: Quédate sólo ese tiempo y no más; nunca te pases de la hora señalada, nunca; vete a casa a una hora fija y no permitas que nada te retenga más allá de esa hora.

En cuanto a la bebida, ¡que sea tanta y no más! Nunca más bajo ninguna circunstancia. Usted dirá que esto es imposible, muy difícil de hacer. Es difícil, por supuesto, mantener tu resolución en muchos casos, particularmente si la vida desordenada descrita anteriormente se ha convertido en un hábito; pero no es imposible. Recuerda, querido amigo, cuántas veces has superado dificultades aún mayores cuando estabas convencido de que había que hacerlo y de que era por tu propio bien.

Ahora no sólo está en juego tu propio bienestar, sino también el de tus hijos. Ya hemos explicado cómo una vida como la que has llevado destruirá en ti todo sentimiento religioso, privará a tus hijos de las ventajas de una educación cristiana y te arruinará a ti y a ellos. Es su deber reformar su vida; su propio bienestar y el de sus hijos dependen de ello. Requiere seriedad y firmeza de propósito; sólo triunfan los que son serios y perseverantes.

III. No deje de practicar la vida cristiana.

Esta es una condición esencial para la educación de los hijos. Por lo tanto, el padre debe ser cristiano y llevar una vida verdaderamente cristiana. Como hay tanto en juego, el padre debe evitar todo lo que pueda dificultar la adquisición y posesión de la piedad cristiana.

Pero, incluso con las mejores intenciones, esto no puede hacerse tan a fondo que no queden peligros y dificultades para el padre. Es, pues, necesario emplear los medios adecuados para fortalecer y acrecentar el espíritu de piedad cristiana en el corazón del padre, a fin de que pueda superar todas las dificultades y peligros. Estos medios, tan necesarios para todas las condiciones de la vida, son bien conocidos; será conveniente, sin embargo, e incluso necesario, mencionarlos aquí en beneficio de los padres, y explicar cómo y por qué el uso fiel y ferviente de estos medios es de una importancia más que ordinaria.

1. 1. ¿En qué consiste la vida cristiana?

El primer medio es hacerse frecuentemente la pregunta anterior. Un hombre debe tener interés en una cosa antes de interesarse por ella. ¿Quién se interesará por un asunto que no le importa? Si a un padre no le importa nada la piedad y el temor del Señor, se preocupará muy poco por los medios de adquirirlos, y se interesará poco por ellos.

Todo depende de esto, de que un hombre esté animado por el espíritu de la verdadera piedad y del temor del Señor. Esta es la única tarea impuesta al hombre por Dios. Todos los demás medios deben emplearse para alcanzar este gran objetivo. Esto es según la intención y la voluntad de Dios. Cuando esta corta vida haya pasado y el futuro ocupe su lugar, todo lo que era querido para el corazón del hombre en este mundo habrá perdido su importancia para siempre. Sólo una cosa conservará su valor, y es la verdadera piedad y el temor del Señor. Quienes los hayan practicado fielmente serán eternamente felices, mientras que quienes no lo hayan hecho serán eternamente miserables.

Y teniendo en vista a un padre no debemos olvidar a sus hijos; según practique o descuide las virtudes anteriores ellos seguirán sus pasos, y en consecuencia serán eternamente felices o desdichados con él.

Cuánta importancia tiene, pues, para un padre estar animado por una sincera piedad cristiana y por el temor del Señor. Todo depende de esto. Se trata de su bienestar temporal y eterno y del de sus hijos.

Esto, padre cristiano, te lo recordaré a menudo, para que no te olvides de ti mismo en medio de las ansiedades y distracciones de la vida. Interrógate con frecuencia y di: ¿Cuál es mi fin, mi objeto, en todos mis asuntos temporales, en mi trabajo, negocios y preocupaciones? ¿Qué otro fin podría tener al esforzarme por conseguir este bien o evitar aquel mal, sino mi propio bienestar y el de mis hijos? Ahora bien, no hay nada tan íntimamente relacionado con mi bienestar y el de mis hijos como la práctica de la virtud de la piedad y el temor del Señor; nada que pueda acarrear males tan grandes para mí y para mis hijos como el descuido de este ejercicio por la indiferencia y el pecado.

Ahora bien, ¿qué deducción debes sacar de todo esto? "Es justo y conveniente que nada esté tan cerca de mi corazón como el ejercicio fiel y perseverante de la piedad y del temor de Dios".

¿Qué es necesario para obtener esto? La respuesta nos mostrará los otros medios.

2. La oración.

Reza especialmente tus oraciones de la mañana y de la noche. Esta debe ser una regla invariable. Quien no recita por lo menos una breve oración por la mañana y por la noche, demuestra que si la vida espiritual no está totalmente extinguida en él, por lo menos está en estado de decadencia. Ahora bien, como consecuencia de esta negligencia, la vida espiritual decaerá seguramente a medida que el hombre se deje llevar por las preocupaciones mundanas y se entregue al pecado. ¿O no ha de perder todo sentido de las cosas superiores cuando no recuerda las verdades eternas y su alto destino al menos al principio y al final del día? Y luego, ¡su pobreza de gracia! Nuestra santa fe nos enseña que el hombre es incapaz de evitar el pecado sin la asistencia divina, incapaz de cumplir las obligaciones que debe cumplir para salvarse. En el curso ordinario de la providencia divina, el hombre sólo recibirá la gracia auxiliadora de Dios cuando la pida de manera adecuada. Por esta razón, todo cristiano debe suplicar al Señor, especialmente por la mañana, la gracia que necesita para vencer todas las tentaciones durante el día, para vivir y actuar durante ese día según su divina complacencia. Si no reza, es muy probable que carezca de esa gracia, y ¿cuál será entonces la consecuencia? Vacilará en la tentación, se tambaleará y caerá; ese día estará vacío de obras agradables a Dios y meritorias para la eternidad; ese día, en vez de ser el medio de acercarle a Dios, puede acercarle al infierno. ¿Y qué diremos si habitualmente descuida sus oraciones? Ahora bien, si es verdad, como hemos demostrado anteriormente, que los hombres y los padres corren mayor peligro de dejarse arrastrar por los asuntos temporales, que son asaltados con mayor frecuencia y por tentaciones más fuertes, ¿no es la oración de la mañana y de la tarde una doble necesidad para ellos? No cabe duda de que la omisión y el descuido de este sencillo y fácil ejercicio es la causa principal de que los hombres -los padres- estén tan poco imbuidos del espíritu cristiano y de la verdadera piedad, con gran perjuicio de sus hijos.

Hemos llamado a la observancia puntual de las devociones matutinas y vespertinas una tarea simple y fácil. ¿No es así? Al levantarte, mientras te vistes, o de rodillas, o de pie si lo prefieres, puedes recogerte y reflexionar sobre cuál es tu propósito para hoy; puedes proponerte llevar una vida cristiana, y luego rezando un Padrenuestro y un Avemaría suplicar al Señor su asistencia, invocando al mismo tiempo la asistencia de la Santa Madre de Dios y de los santos. Lo mismo puedes hacer por la noche, antes de retirarte a descansar; puedes elevar a Dios una adecuada oración de acción de gracias, pedir perdón y encomendarte a su misericordiosa protección. ¿Es difícil hacer esto? ¿Puedes excusarte diciendo que no tienes tiempo? ¿Dónde está el hombre que no tiene tiempo para tomar el alimento necesario para su sustento? Ahora bien, las oraciones diarias son para nuestras almas, en cierto sentido, lo que el alimento es para nuestro cuerpo; sin él, el alma se consume y finalmente muere.

Oh padre cristiano, por tu propio bien y por el amor que profesas a tus hijos, ten por norma invariable rezar siempre tus oraciones matutinas y vespertinas. ¿No te mueve a ello una sola mirada a tus hijos? Ellos también necesitan la gracia y la protección que se obtienen con la oración.

Hace algunos años, un célebre padre jesuita dio un curso de conferencias a los hombres de la clase más alta de la sociedad en cierta ciudad. En la conferencia final, cuyo tema era qué debían hacer para perseverar y hacer fructificar el bien adquirido durante la misión, dijo: "Uno de los primeros y principales medios es asistir al sacrificio diario de la Misa". No sabemos si el consejo del piadoso padre fue seguido o no; sin embargo, lo aprobamos de corazón.

¿Por qué tan pocos hombres asisten al sacrificio diario de la Misa? ¿Es menos necesario para ellos que para las mujeres? Hemos demostrado más arriba que es más necesario para los hombres, debido a los mayores peligros a los que están expuestos y a las mayores dificultades que encuentran. ¿O es que los hombres están en tal situación que no pueden asistir? ¿No tienen tiempo? Claro que algunos no. Pero ¿cuántos tendrían tiempo si se tomaran la molestia de levantarse media hora antes? Podrían hacerlo si se lo propusieran. ¡Qué bendición diaria sería! ¡Cuánto fortalecería y fortificaría el espíritu cristiano el santo sacrificio! Con cuánta abundancia atraería las bendiciones del cielo sobre sus acciones diarias; bendiciones de las que los hijos podrían participar si el padre, mientras asiste a misa, se acuerda de ellos y los encomienda al cuidado y protección de Aquel que fue amigo de los niños.

3. "Acuérdate de santificar el sábado".

Hemos citado aquí, prudentemente, las propias palabras de Dios. ¿No es probable que, al insistir tan positivamente en la santificación de ese día, su "Acuérdate" estuviera dirigido de manera especial a los hombres, a los padres? ¿Quién tiene más necesidad de santificar el domingo? Si, como ya se ha dicho, las ocupaciones de la mayoría de los hombres tienden a apartar sus mentes de las cosas espirituales y a extraviarlos de diversas maneras, ¿qué importancia tiene el domingo, particularmente para ellos? Dios ordena descansar de todo trabajo u ocupación mundana y servil. El hombre, teniendo así tiempo libre para entrar en sí mismo, para ocupar su mente en los asuntos de su vocación superior, reaviva en sí mismo las llamas de los santos deseos, y así la gracia divina aumenta en su corazón y se convierte en un hombre nuevo.

Pero ¿qué sucede si un hombre o un padre no se preocupa de renovar su espíritu en este día sagrado, si no se abstiene del trabajo servil, si ocupa su mente con preocupaciones mundanas y tiene poca o ninguna consideración por la palabra de Dios o por los ejercicios piadosos y devotos? ¿No deshonra esto su carácter de cristiano, y no se perderá su alma?

Oh padre cristiano, santifica el domingo según la voluntad de Dios. Convéncete de que para obrar tu salvación es necesario ser un buen cristiano; es decir, un buen padre para tus hijos. ¿Quién puede dudar de que éste es tu deber sagrado por el buen ejemplo que estás obligado a dar? Es necesario para el bien eterno de vuestros hijos que aprendan y se acostumbren pronto a santificar el domingo, según la santísima voluntad de Dios. ¿Harán esto cuando vean cuán descuidado e indiferente es su padre en este punto? Pero sólo mencionamos esto de pasada. Hablamos aquí de la digna observancia del domingo, ya que es un medio, un medio muy necesario, para que un padre conserve y fortalezca en él un verdadero espíritu cristiano. Y de hecho, sólo en la digna observancia del domingo tienes una prueba casi segura de que es un verdadero padre cristiano, y como tal dará a sus hijos una verdadera educación cristiana. Que ésta sea, pues, vuestra regla inviolable: Todo trabajo, todas las preocupaciones mundanas deben cesar el domingo, a menos que sea en caso de necesidad. "Es el día del Señor, no trabajarás en él", dice el Señor. Excitar la devoción y el fervor, fortalecerse a sí mismo para trabajar en su salvación eterna, es lo que debe procurar el domingo. Por tanto, en cuanto las circunstancias lo permitan, asiste devotamente al Santo Sacrificio de la Misa, escucha la palabra de Dios, asiste a los demás servicios sagrados de la Iglesia, lee libros piadosos, etc. Y luego, si deseas recrearte y divertirte, no traspasarás los límites de la moderación.

Dichosa aquella familia cuyo padre, y por consiguiente todos los demás miembros, santifique el domingo de esta manera. El espíritu de piedad cristiana florecerá más y más, y los dones más preciosos del cielo se derramarán en su seno.

Sólo resta ahora tratar de un medio más para adquirir y conservar un verdadero espíritu cristiano, y éste es la corona de todos los demás.

4. Levántate y come

Así se dirigió el ángel al profeta Elías cuando huía de la ira de Jezabel. Fatigado por su viaje por el desierto, "se sentó bajo un enebro" y se durmió. El ángel lo tocó y le dijo: "Levántate y come, que aún te queda mucho camino por recorrer" (III. Reyes xix. 7)

¿Con qué frecuencia recibes la sagrada comunión? Si observas a los que se acercan a la mesa del Señor los domingos y días festivos, verás que, por regla general, el número de mujeres supera con mucho al de hombres. Quizá veáis algunos hombres, pero muy pocos. Sin embargo, no seremos demasiado severos. Concederemos por un momento que parece más natural para las mujeres que para los hombres recibir con frecuencia el Santísimo Sacramento; que en este punto todos se inclinan a ser indulgentes si no lo reciben con tanta frecuencia. Pero este "no tan frecuentemente" ocurre con demasiada frecuencia, y es de lamentar que la aparición de hombres en los carriles del altar sea tan rara, pues su ausencia es muy apta para despertar graves temores, particularmente si son padres.

¿A qué se debe todo esto? ¿Se puede encontrar una explicación o una excusa para ello en la posición que ocupan los padres? ¿No deberíamos esperar que recibieran la sagrada comunión con más frecuencia? ¿Cuál es la razón?

¿Acaso no es necesario comulgar con frecuencia? Hemos visto que los hombres, para llevar una vida cristiana, tienen que superar mayores dificultades, que se encuentran con mayores peligros y que tienen que librar batallas más duras que las mujeres. Los hombres, por tanto, necesitan más gracia que las mujeres. ¿Y dónde encontrarán más fuerza, valor y gracia que en la digna recepción de los sacramentos de la penitencia y de la Sagrada Eucaristía? Nadie que entienda los caminos de la vida espiritual puede negar que una de las principales razones por las que los hombres poseen tan poco sentimiento y sensibilidad por las cosas divinas, por las que están tan apegados al mundo y al pecado, es que rara vez reciben los santos sacramentos. La vida espiritual se debilita porque sólo recibe a largos intervalos ese alimento que nuestro divino Salvador dejó para ese fin; y en consecuencia la vida espiritual se extingue. "Si no coméis la carne del Hijo del hombre y bebéis su sangre, no tendréis vida en vosotros" (Juan, vi. 54).

La vida del cuerpo debe ser sostenida y fortalecida por el alimento y la nutrición diarios; la vida del alma necesita igualmente alimento y fuerza, que le son dados por la gracia divina. Ahora bien, este alimento, esta fuerza y esta gracia nos los ha preparado el Señor de manera especial en el sacramento de la Sagrada Eucaristía; allí debe buscarlos el cristiano. Si lo descuida, le faltará la gracia necesaria para realizar su salvación. El Señor se la negará porque no utiliza los medios que le ha proporcionado para obtenerla.

¡Oh padres! Ojalá comprendierais todos cuán necesaria os es la sagrada comunión para adquirir y perseverar en la piedad. Cuán necesario os es recibir con frecuencia este santo alimento, que es el medio de adquirir esa piedad tan importante para vosotros y tan necesaria para la buena educación de vuestros hijos.2

¿Y por qué no? ¿Por qué comulgáis tan poco? ¿Es imposible que la recibáis con más frecuencia? Confiesa la verdad; todo depende de tu propia voluntad. El que lo quiera seria y sinceramente, encontrará cada pocas semanas el tiempo necesario para confesarse y comulgar. Pero el hecho es que la verdadera razón por la que estos santos sacramentos se reciben tan raramente reside en la falta de amor a Dios, en la falta de celo por la salvación de tu alma.

Aquí, pues, debéis resolver guardar esto como una regla sagrada: Recibir frecuentemente la sagrada comunión. Esto alimentará y fomentará en ti el espíritu de piedad cristiana. Esto te dará fuerza y poder para superar las dificultades que puedas encontrar en la práctica de la virtud. Esto te convertirá, de manera especial, en un buen padre cristiano.

1 Ya que tenemos aquí en vista al padre, ¡cuánto no disminuye una vida desordenada de taberna las bendiciones del domingo para su hogar, para sus hijos! El domingo no puede parecerles por mucho tiempo un día santo y sagrado cuando la experiencia les enseña que es precisamente en este día cuando no se encuentra al padre en casa; que es el domingo cuando pasa la mayor parte de su tiempo en la taberna, y cuando vuelve a casa por la tarde, o tal vez tarde por la noche, notan que está bajo la influencia del licor, o tal vez incluso borracho. Este mal ejemplo contrarresta las buenas impresiones que ese día sagrado está tan bien calculado para imprimir en sus mentes. Cuán fácilmente podría convertirse ese

día en ocasión de verdadera alegría y recreación cristianas, cuando el padre, la madre y los hijos, sentados alrededor de la cena o la mesa (que está mejor provista el domingo que otros días), intercambian sus pensamientos y puntos de vista, y se entretienen social y agradablemente unos a otros. El descanso del trabajo servil, la sensación de que es un día extraordinario, conducen a este fin. Y entonces, qué beneficiosa y saludable no es una escena así en la vida familiar. Ahora bien, todo esto se desvanece cuando el padre pasa el tiempo en la taberna y cuando muestra los repugnantes signos de la intemperancia. Las tardes de domingo son tediosas, fastidiosas y desagradables, porque el padre no está; y la pobre madre no puede estar muy contenta, esperando como espera que el marido vuelva tarde, y quién sabe en qué condiciones. Pobre esposa, pobres hijos. Es muy triste.

2 Obsérvese que el celo en comulgar es un deber del padre, sobre todo por la obligación que tiene de dar buen ejemplo a sus hijos en esta materia tan importante. ¿Comulgarán a menudo los hijos si el padre es negligente en este deber?

LA LABOR DE UN PADRE CRISTIANO

En los capítulos precedentes nos hemos detenido largamente en este tema. Estábamos entonces trabajando en los cimientos de una estructura que llega hasta la eternidad, y los cimientos de tal estructura deben ser sólidos y firmes. El padre debe ser cristiano; todo depende de ello. Todos admitirán que el bienestar del mundo, especialmente en nuestros días, depende, después de Dios, del padre y de la madre. Pero se pregunta: ¿Qué cualidades deben poseer un padre y una madre para promover este bienestar? La respuesta es que, aunque se requieren muchas cualidades para alcanzar este fin, la primera y más importante es que el padre y la madre sean verdaderamente cristianos de espíritu.

Ahora bien, si hemos tenido éxito en mostrar cuán importante es un espíritu cristiano para que un padre tenga éxito en la educación de sus hijos, se admitirá fácilmente que era muy apropiado tratar este tema con cierta extensión. No bastaba con decir a un padre lo importante que es, y animarle; era necesario también explicar detalladamente lo que hay que evitar y lo que hay que hacer para adquirir este verdadero espíritu cristiano y perseverar en él.

Hablaremos ahora de la vocación del padre, de lo que debe hacer un padre cristiano para ejecutar fielmente esa gran obra que es la educación de sus hijos. No es, sin embargo, nuestro propósito tratar el tema de la educación cristiana de los hijos en todos sus detalles; esto engrosaría nuestro pequeño libro hasta convertirlo en un gran volumen, que pocos podrían comprar y leer. Pretendemos simplemente explicar los puntos más necesarios de este tema. Esto bastará. Un verdadero espíritu cristiano es, según nuestra suposición, lo más necesario para un padre. Si lo comprende bien, podrá sin duda, con la ayuda divina, descubrir el buen camino en la educación de sus hijos.1

I. "Acumula para ti tesoros".

Al hablar de la educación de los hijos lo anterior suena como si quisiéramos insinuar una doctrina que, según los principios cristianos, no debería ocupar el primer lugar, a saber, el bienestar mundano de los hijos, o la adquisición de riquezas para ellos.

Pero expliquémonos. El trabajo y los esfuerzos del padre por el bienestar temporal de sus hijos es, por supuesto, una parte de su trabajo, incluso de acuerdo con los principios cristianos. El Señor le ha impuesto la tarea de adquirir lo necesario o deseable para el sustento adecuado de sus hijos, para su vestido, para su instrucción en cosas útiles y necesarias, y también para que pueda ayudarles, en el momento oportuno, a ganarse su propio sustento de acuerdo con su posición en la vida. Pero no es necesario exhortar o animar a los padres a que hagan esto por sus hijos; ellos sienten un impulso natural de hacerlo. Y, de hecho, no hay nada que reprochar a un padre por esforzarse en mantener cómodamente a sus hijos, si no olvida lo que es más importante: su bienestar y el de ellos. Es correcto que el padre y la madre se esfuercen por dejar una competencia a sus hijos, siempre que al mismo tiempo les aseguren ese rico tesoro, la gracia de la verdadera piedad cristiana y el temor de Dios. Pero esta riqueza mundana se compraría demasiado cara, por muy valiosa que fuera, si para obtenerla padres e hijos sufrieran daños espirituales. No sería difícil probar con ejemplos tomados de la vida cotidiana que aquellos hijos a quienes se ha dado mucho no son los más felices, o tan felices como los que han recibido de sus padres una buena educación cristiana.

Por tanto, no hablamos aquí de riquezas que han de dejarse a los hijos, sino de riquezas que el padre ha de acumular para sí trabajando por el bienestar temporal de sus hijos.

Comencemos con una historia. Conocíamos a un hombre que no había sido bendecido con hijos. Un día, mientras escuchaba un sermón, las siguientes palabras le causaron una fuerte impresión: "El que reciba a este niño en mi nombre, a mí me recibe" (Lucas ix. 48). Estas palabras no le dejaron tranquilo, y este pensamiento turbó su mente: Tal vez Dios no le había dado hijos para que cuidara de niños huérfanos pobres y desamparados. Resolvió obedecer la inspiración, y su esposa secundó su resolución de todo corazón. No pasó mucho tiempo antes de que recibiera a su primer hijo, un huérfano. Pronto le siguieron otros, hasta que tuvo seis en total: seis pobres huérfanos desamparados. Nadie que no lo supiera hubiera pensado que no eran suyos. Con tanta energía se dedicaba a sus ocupaciones diarias para mantener a su numerosa familia. Les proporcionaba todo lo que necesitaban y se ocupaba de ellos.

¿Qué impresión te causa esta historia, padre cristiano? Tú que sabes bien por experiencia cuánta labor, sacrificio, paciencia y cuidados cuestan de día en día, durante años, uno-dos-tres-seis hijos. No nos equivocamos cuando decimos que este padre adoptivo "había acumulado para sí tesoros en el cielo" (Matth. vi. 20). Debemos admitir que es así si consideramos cuánto le costaban diariamente estos niños y cuánto tenía que esforzarse para mantenerlos. Si recordamos que el Señor no permitirá que un vaso de agua fría dado por Su causa quede sin recompensa, cuán grande debe ser la recompensa de este padre que durante años había dado y hecho tanto diariamente.

Bien, entonces, hagamos la aplicación. ¿Haces tú, oh padre, menos por tus propios hijos de lo que este noble padre adoptivo hizo por sus hijos adoptivos? Oh, no; tú haces lo mismo, o tal vez más. ¡Cuánto debes gastar diariamente, y durante años! ¡Cómo debes trabajar y esforzarte día tras día y año tras año! ¡Cuánto debes sufrir y soportar durante todo este tiempo! ¿No podemos decir de ti lo que hemos dicho de ese padre adoptivo? ¡Qué gran tesoro te has guardado en el cielo, y qué recompensa te espera! ¿O acaso hay alguna diferencia en que tú trabajes y sufras por tus propios hijos, mientras que él trabajaba y sufría por los que había adoptado? ¿No son tus hijos igualmente agradables a Dios que los hijos adoptivos? ¿O es menos meritorio trabajar y sufrir por sus propios hijos? No, es lo mismo.

Pero prosigamos. ¿Qué es lo que hace tan meritoria la acción del padre adoptivo? ¿No es porque trabajó y sufrió por esos pobres huérfanos? Por supuesto que sí; pero hay una razón aún mejor. Es porque lo hizo por amor a Dios y por amor cristiano a los niños. Aquí hemos llegado por fin al punto. Tú, oh padre cristiano, ¿haces todo lo que haces por tus hijos por amor a Dios y por verdadero amor cristiano a tus hijos? Entonces eres como ese padre adoptivo, y podemos decir lo mismo de ti: ¡Qué tesoro de méritos, qué recompensa cosecharás!

De este modo, toda la vida de un padre es una ininterrumpida obra de misericordia. ¡Y qué obra de misericordia! ¿Qué otra cosa es sino aliviar las necesidades del prójimo por amor de Dios y por amor cristiano? Ahora bien, casi toda la vida de un padre cristiano consiste en trabajar, cuidar y esforzarse por sus hijos: darles de comer, vestirlos y alojarlos, enseñarles, aconsejarlos y consolarlos, perdonarlos y, si están enfermos, curarlos. Si un padre está animado por el amor a Dios y a sus hijos, su vida será una sucesión de obras de caridad y misericordia.

¡Cuánto aprecia Dios las obras de misericordia! ¡Cuán grande es la recompensa prometida en el tiempo y en la eternidad!

He aquí, pues, oh padre cristiano, que estás en condiciones de cosechar estas bendiciones de la misericordia cristiana durante tu vida y por toda la eternidad. Sólo es necesario que todo lo que hagas por amor natural a tus hijos no lo hagas por necesidad, sino por amor a Dios y amor cristiano hacia ellos.

Debes considerar a tus hijos como confiados a ti por Dios, que es tu Maestro; y lo que hagas y sufras por ellos debes considerarlo como perteneciente a tu vocación, y así aceptarlo y soportarlo todo con un corazón alegre, por amor a Dios y a tus hijos. Entonces sí que tu vida diaria será agradable a Dios y una obra de misericordia para tus hijos. Las obras de misericordia así entretejidas en la vida de un hombre son una oración perpetua a Dios pidiendo gracia y misericordia para quien las ha realizado. ¡Mira cuán rico puedes llegar a ser por medio de tus hijos! Cuantos más sean y cuanto más sufras y aguantes por ellos, más rico serás.

¿No te reconciliará esta reflexión con las penurias de que son causa tus hijos, y te preservará del mal humor y la impaciencia? Los esfuerzos y esfuerzos humanos nunca encuentran tan rica recompensa como cuando se realizan al servicio de aquel que es el gran recompensador, o cuando se hacen por el bien de aquellos que le son tan queridos. De hecho, el trabajo más provechoso en la tierra es el trabajo cristiano de un padre, de los padres por sus hijos.

Cuánto hay que lamentar, entonces, que los padres -los padres- no vean en su labor diaria por sus hijos más que lo desagradable y la carga de la misma, y que, por lo tanto, realicen esa labor como si estuvieran bajo coacción y en contra de su voluntad. Hacen así de ese trabajo una cruz casi insoportable; pierden la gran recompensa que se les ha prometido; ¡hasta cometen pecado! Cuánto hay que lamentar que los padres, en sus esfuerzos por los hijos, con demasiada frecuencia sólo se mueven por motivos naturales, y por eso no recibirán recompensa en la eternidad.

Cuídate, pues, padre cristiano, de trabajar por tus hijos con espíritu cristiano. Esto puedes hacerlo si eres verdaderamente un padre cristiano.

II. Gobierno: disciplina.

De las palabras anteriores se desprende claramente que pretendemos hablar de la educación, y explicar un punto que sin duda es de gran importancia para un padre en la educación de sus hijos. Según las palabras del divino Padre, "el hombre es cabeza de la mujer" (I. Cor. xi. 3), y por consiguiente cabeza de toda la familia. Es, por tanto, el dueño de la casa, y debe regir y gobernar, por supuesto con espíritu cristiano, porque es un padre cristiano, y como tal debe mostrar amor y afecto por aquellos que están y deben estar sometidos a él. "Maridos, amad a vuestras mujeres como Cristo amó a la Iglesia" (Ef. v. 25). ¿Y hay padre cristiano que no ame a sus hijos? Por tanto, su gobierno debe estar regulado por el amor y la moderación, sin que por ello deje de ser gobierno. Debe guiar y dirigir para que la obra de la educación avance.

¿Dónde hay un Estado que no tenga jefe o magistrado supremo? Todos sabemos que sin esa cabeza no puede existir ningún Estado ni sociedad. Habrá y debe haber un emperador, un rey, un presidente, un congreso o alguna otra autoridad suprema. Esta autoridad hace cumplir las leyes existentes y sanciona las que han de promulgarse. Vigila y vela por el cumplimiento de las leyes, y castiga a los transgresores de la ley. En la Iglesia existe el mismo orden de cosas. Hay una cabeza sobre todos, y cabezas sobre las comunidades; hay ley y supervisión de su observancia; hay castigo infligido a los transgresores de la ley. No puede ser de otro modo; debe ser así, en el Estado y en la Iglesia, si la sociedad ha de existir y prosperar.

Lo mismo sucede en la familia. Si la familia ha de prosperar, si la educación de los hijos ha de avanzar, debe haber una mano gobernante que gobierne todas las cosas; la familia debe tener una cabeza, y Dios ha designado de hecho una cabeza para ella: es el padre. Él (con la madre) establece la ley, las reglas, el orden que debe observarse; vela por la disciplina de la familia y ejerce el derecho de castigar.

1. Ley, regla y orden.

La familia, según la providencia de Dios, es el vivero de la Iglesia y del Estado. En ella deben crecer los hijos como ciudadanos útiles y buenos cristianos, para que al abandonar el techo paterno sean dignos miembros de la Iglesia y del Estado.

Hay guarderías establecidas por la Iglesia, llamadas seminarios, donde se enseña a los jóvenes a convertirse en dignos miembros del ministerio. El objetivo de los seminarios es preparar a los alumnos para que lleguen a ser buenos sacerdotes, inculcándoles el verdadero espíritu de su vocación y haciéndoles así capaces de cumplir los deberes de su alta vocación.

Todo en un seminario está dirigido a este fin. Hay reglas para la vida diaria y la conducta de los estudiantes, compiladas por los superiores después de una larga experiencia y madura deliberación, cuyos detalles están calculados para regular la vida y las ocupaciones de los estudiantes de tal manera que alcancen el fin y propósito de tal institución. La hora de levantarse por la mañana y de acostarse por la noche está fijada por regla; hay un horario fijo para el desayuno, la cena y los recreos diarios. Se prescriben ciertos ejercicios espirituales, como la oración matutina y vespertina, la meditación, oír misa, recibir los sacramentos, etc. También se fija un tiempo para el estudio. Se establecen normas para regular las relaciones de los alumnos entre sí, etc. Esta es la regla, la ley, y el superior del seminario regula todo en consecuencia. Vigila el cumplimiento de las reglas, amonesta y, si es necesario, castiga a los transgresores. Cuanto más fielmente haga esto, mejor sabrá guiar a los alumnos para que observen concienzuda y estrictamente las reglas y leyes, y regulen su vida diaria de acuerdo con ellas; y así se alcanzará el objeto y fin del seminario, y los alumnos saldrán sacerdotes dignos y celosos. Sin reglas, leyes y orden, y sin su observancia, esto no podría ser así.

Hemos llamado a la familia el vivero de la Iglesia y del Estado. Si, pues, ha de cumplir su fin, y criar miembros útiles y dignos de la Iglesia y del Estado, debe, como un seminario, tener sus leyes, reglas y reglamentos, y el padre, que es el superior y cabeza de la familia, debe velar por que estas reglas y leyes se observen debidamente.

No exigimos para la familia las reglas y leyes del seminario, que determinan y regulan los más mínimos detalles de la vida diaria; sería imposible observar tales reglas en la familia. Sin embargo, deben existir ciertas reglas y leyes en la familia para que la educación de los hijos se lleve a cabo con éxito. Sin ellas, nada tendrá éxito; sin ellas, los hijos no serán ni buenos miembros de la sociedad ni buenos cristianos.

Hay una regla y una ley general para toda familia cristiana; es la ley de la voluntad divina. Es una ley indispensable, y el padre debe velar por su observancia. No se puede tolerar nada que sea contrario a la voluntad divina, y debe hacerse lo que Dios manda.

De acuerdo con esto, deben excluirse de la familia cristiana todas las costumbres y hábitos impropios: el hábito de dar rienda suelta a la ira, de regañar y maldecir; la mala costumbre de mentir y murmurar; de manera especial toda conversación disoluta e impía; todo comentario descalificador contra las doctrinas y costumbres de la Iglesia; todo esto debe estar absolutamente prohibido.

Por el contrario, todo lo que es verdaderamente cristiano y de acuerdo con la voluntad de Dios debe ser apreciado en el hogar cristiano. Se dan las gracias antes y después de las comidas; se reza por la mañana y por la tarde; no se permite el trabajo servil en domingo ni en días festivos, a no ser por necesidad; los miembros de la casa asisten a misa y ayudan en las demás devociones de la Iglesia; se confiesan y reciben la sagrada comunión; observan los días de ayuno y abstinencia, etc.; no se olvidan las obras de caridad y misericordia, pues el amor y la simpatía animan a todos; y para completar la lista debemos incluir la sobriedad, la pureza, la diligencia, el fervor, la limpieza, etc.

¿Hace falta añadir que es una gran bendición para los niños que existan tales leyes y orden en la familia, y que crezcan bajo su influencia y se acostumbren a ellos? ¿No llegarán a ser buenos hombres y mujeres y buenos cristianos? Pero, ¡pobres y desdichados los niños cuando no existe tal orden en la familia; cuando presencian constantemente transgresiones contra la voluntad divina y ofensas contra el decoro y la moral cristiana! ¿No se necesitará un milagro para hacer buenos a esos niños, dadas las circunstancias?

Hasta aquí hemos explicado el punto principal de nuestro tema, pues el método adecuado para educar a los hijos consiste en esto: que la ley y el orden deben reinar en la familia, y que el padre y la madre deben hacerlos cumplir. Sin embargo, deseamos tratar este tema más extensamente.

Como el padre ha sido designado por Dios cabeza de familia, tiene en virtud de ese nombramiento autoridad para dictar leyes y normas para los miembros de la familia, particularmente para sus hijos; y si sus normas y leyes no son contrarias a la voluntad de Dios, tienen la misma fuerza obligatoria que los mandamientos de Dios. En virtud de esta autoridad, pues, el padre debe ordenar y determinar todo lo que sea necesario y útil para educar a sus hijos como buenos ciudadanos y cristianos. Para ello, puede seleccionar algunas reglas del seminario eclesiástico, y puede insistir en su observancia. La hora de levantarse por la mañana y de acostarse por la noche; la hora del desayuno, de la cena y de la cena, y la hora del trabajo y del recreo; todo esto debe fijarse y determinarse, y observarse fielmente en la medida de lo posible.

Decimos en la medida de lo posible, porque sabemos muy bien que por necesidad hay que hacer excepciones; pero sabemos también que es muy posible mantener las excepciones en minoría, y así en conjunto la regla permanece en vigor. Esto es de gran importancia para los niños, ya que no se puede apreciar suficientemente la bendición y la ventaja de acostumbrar a los niños a una vida bien regulada. Provoca una cierta frescura y alegría de corazón en la vida diaria que facilita el cumplimiento de sus deberes cotidianos. "Dios", dice San Agustín, "es un Dios de orden; quien, por tanto, vive según el orden vive según Dios". Y San Bernardo dice: "Hermanos míos, os lo advierto en el Señor, sed diligentes en conservar el orden para que el orden os conserve a vosotros".

No se debe dejar al gusto de los hijos cuándo pueden salir de casa o cuándo deben volver.

El padre o la madre deben darles permiso para salir y fijar la hora en que deben regresar. Debe fijarse una hora en la que todos los miembros de la familia deben estar en casa, o las puertas cerradas y atrancadas.

Como es deber del padre y de la madre asignar a cada miembro de la familia la parte del trabajo diario que cada uno debe realizar, deben tener en cuenta la habilidad de sus pequeños súbditos, lo que les gusta y lo que no les gusta de ciertas clases de trabajo, y, si es posible, gratificar su inclinación; deben, además, de una vez por todas, dar cierto trabajo a cierto miembro de la familia; el trabajo se hace así más fácil, el obrero adquiere cierta independencia, y todo se hace bien. Añadamos a esto que el padre y la madre deben determinar cuándo se han de recibir los sacramentos; también deben establecer reglas fijas en cuanto a salir a veladas, invitar a compañía, etc.; y, por último, debe entenderse que los hijos y las hijas no pueden hacer lo que les plazca, sobre todo si es de importancia, sin el conocimiento y el consentimiento del padre.

Hemos dado ahora un esbozo de las reglas y leyes de una familia cristiana. Deben aplicarse a todos los miembros de la casa, y el deber del padre es

2. 2. Velar por su cumplimiento.

Si volvemos una vez más al seminario, encontraremos que, en la medida en que el superior tiene en su corazón la educación de buenos eclesiásticos, no sólo reconocerá la necesidad e importancia de ciertas reglas para alcanzar el fin deseado, sino que también impondrá su fiel observancia. Y del mismo modo, todo padre bueno e inteligente, que se preocupa por el bien de sus hijos, cuidará mucho de que las reglas y normas que ha dictado sean observadas cuidadosa y estrictamente por ellos. Esta es la voluntad del padre; el hijo la conoce y, por tanto, tiene el deber de regirse por ella. El niño debe ser obediente. Por supuesto, presuponemos que el padre no ordena ni manda nada contrario a la voluntad de Dios.

La obediencia. En el fiel ejercicio de esta virtud está la mayor bendición para el hijo. Por medio de ella se rompe esa voluntad propia que es un obstáculo tan grande para el cumplimiento de la voluntad de Dios y para una verdadera vida cristiana. Si se acostumbra a un niño a someter su voluntad a la de su padre, le será mucho más fácil obedecer las leyes de los superiores, de la autoridad civil, de Dios. Si la obediencia a las leyes del Estado hace a un buen ciudadano, si la obediencia a los preceptos de la Iglesia hace a un buen cristiano, entonces un padre cumple de manera especial los requisitos de su vocación cuando exige estricta obediencia a su voluntad y acostumbra al niño a obedecer. Así crecerá como buen ciudadano y buen cristiano.

Esto debe estar siempre en el corazón del padre. Su voluntad debe ser la guía del niño, y éste debe entender que todo lo que el padre ordene o mande -por supuesto con la debida reflexión- debe hacerse. Nada inducirá a un padre bueno e inteligente a cambiar de opinión simplemente por el capricho de su hijo, ni siquiera cuando se vea obligado a recurrir a medidas severas para imponer obediencia. Tal vez sea ésta la razón de que la voluntad del hombre sea más resuelta, decidida y fuerte que la de la mujer, para que el padre pueda mantenerse firme en la exigencia de una obediencia incondicional a sus hijos, cuando la madre, a causa de sus sentimientos más tiernos, podría ceder a sus importunidades, deseos y ruegos. El padre puede impedirlo, y el hijo se ahorrará las consecuencias que esa cesión irrazonable podría ocasionar.

Con frecuencia oiréis a los padres quejarse de que sus hijos, sobre todo los mayores, no obedecen. Admitimos que cierta perversidad puede ser la causa de esta deplorable conducta de los hijos adultos; afirmamos, sin embargo, que los padres, y particularmente el padre, al no imponer la obediencia a su debido tiempo, fue la causa de esta mala conducta. En efecto, no hay que asombrarse de la desobediencia de los hijos e hijas cuando los padres son tan indulgentes con ellos en su infancia, permitiéndoles seguir su propia voluntad, ser tercos y obstinados y salirse con la suya en todo. Esta es, pues, en la mayoría de los casos, la causa de la conducta vergonzosa que tanto aflige y mortifica a los padres y causa tantas molestias. Esto solo debería bastar para demostrar que a los hijos se les debe enseñar a obedecer y hacer que obedezcan. Los padres que acostumbran a sus hijos a obedecer desde la infancia, obran tanto en beneficio propio como en el de sus hijos, que con el tiempo serán para ellos fuente de alegría y consuelo.

Así, grandes y abundantes bendiciones siguen a la obediencia, porque el camino hacia la verdadera felicidad se encuentra en el cumplimiento de la voluntad del padre. Según la opinión de personas inteligentes, no se puede conceder mayor beneficio a un niño que enseñarle la obediencia perfecta. Cuando los consejos y las amonestaciones no consiguen que el hijo sea obediente, el padre no vacila, sino que considera su deber ejercer su

3. Derecho a castigar.

para imponer la obediencia. San Pablo dice: "Porque, ¿qué hijo hay a quien el padre no corrija?". (Heb. xii. 7), y añade: "Persevera, pues, bajo la disciplina. Dios os trata como a hijos", es decir, que cuando os castiga se muestra como padre. "El Señor castiga a los que ama, y azota a todos los hijos que recibe" (Heb. xii. 6); es decir, a los que bondadosamente quiere conducir al bien y a la vida eterna. Parece haber una contradicción en estas palabras "al que ama el Señor, a ése castiga", y sin embargo no es así, pues contienen una verdad saludable. El Apóstol lo explica en el versículo undécimo, donde dice: "Todo castigo al presente no parece traer consigo gozo, sino tristeza; pero después producirá a los que son ejercitados por él" - ejercitados por el castigo hasta la perfección cristiana, "el fruto más apacible de la justicia". Los sufrimientos con que Dios visita a sus hijos para preservarlos del pecado y conducirlos a la perfección cristiana no son nada en comparación con los sufrimientos causados por el pecado. Si, pues, el castigo o escarmiento es un medio para obtener la felicidad, es una prueba del amor que Dios nos tiene cuando lo inflige.

En esto nuestro Padre celestial es el modelo de los padres humanos. Las leyes de Dios, los preceptos de la Iglesia y las reglas establecidas por el padre son el camino por el que el hijo debe caminar para llegar a ser un ciudadano útil y un buen cristiano, y conseguir la felicidad temporal y eterna. Por tanto, lo que tiende a mantener al niño en este camino, o a reconducirlo a él cuando se extravía, es beneficioso para él, y su aplicación es señal de verdadero amor al niño.

Por lo tanto, cuando un niño es inducido por malas inclinaciones, mal ejemplo, o por tentaciones del enemigo a apartarse del camino recto, y cuando no es inducido a regresar por la suavidad, el consejo y la amonestación, el padre adoptará medios más severos; castigará y castigará a su hijo para frenar su voluntad perversa y vencer su obstinación.

Esto "por el momento no parece traer alegría" ni para el padre ni para el hijo. El pequeño suspira, llora y suplica. Los sentimientos naturales del padre se rebelan; su corazón se conmueve ante las súplicas lastimeras del niño. Y, sin embargo, debe sobreponerse a todo esto. Debe empuñar la vara, y si no lo hace, su indulgencia imprudente fomentará la des-obediencia con todas sus malas consecuencias, y causará al niño miserias en comparación con las cuales los sufrimientos pasajeros del castigo merecido parecerán nada. Por otra parte, el castigo infligido de la manera y en el momento adecuados regulará la voluntad del niño, someterá su obstinada altivez y vencerá su perversidad. Tal castigo conducirá al niño por el camino de la santa voluntad de Dios y obtendrá para él "el fruto pacífico de la justicia."

Según esto, parece ser un deber sagrado de los padres castigar a sus hijos cuando la ocasión lo requiera. Como prueba de esta obligación paterna podemos referirnos al terrible castigo que el Señor infligió al sumo sacerdote Helí porque no corrigió y castigó a sus dos hijos, que, sacerdotes como él, cumplían su deber negligentemente y escan-dalizaban mucho al pueblo. "En aquel día", dijo el Señor, "levantaré contra Helí todo lo que he dicho acerca de su casa, pues le he predicho que juzgaré su casa para siempre, por iniquidad, porque sabía que sus hijos hacían maldad y no los castigó" (I. Reyes iii. 12, 13). "Comenzaré y pondré fin". Y poco después se cumplieron estas palabras. En una batalla contra los filisteos permitió que "Israel fuera derrotado... y hubo una matanza muy grande, pues cayeron de Israel treinta mil hombres de a pie. Y el arca de Dios fue tomada;

y los dos hijos de Heli, Ofni y Finees, fueron muertos" (I. Reyes iv. 10, 11). Y cuando un mensajero dio cuenta de ello a Helí, que tenía noventa y ocho años, "cayó de espaldas de su taburete junto a la puerta, se rompió el cuello y murió" (versículo 18). ¿Podemos dudar todavía de que es una obligación estricta de los padres castigar a sus hijos según lo requiera la ocasión, y cuando lo exija la necesidad?

Decimos prudentemente, según lo requiera la ocasión. La razón por la que se castiga a los hijos es para hacerlos obedientes o para que vuelvan a serlo. Si este fin puede conseguirse por medios suaves, como enseñar, aconsejar y amonestar, sería un abuso de autoridad infligir castigos corporales. ¿Cuántas veces fallan los niños más por ignorancia y falta de reflexión que por malicia o voluntad perversa? Ahora bien, si se les enseña y se les advierte para que tengan más cuidado en el futuro, casi siempre se conseguirá lo que se pretende; pero si en tales casos se infligen castigos corporales cuando no son merecidos, se actúa perjudicialmente sobre la mente del niño, sobre todo si es tímido por naturaleza. En todos los casos en que se pueda hacer que el niño adquiera el sentido de su deber mediante palabras amables, aunque sinceras, y consejos paternales, este método de corrección debe preferirse al castigo corporal.

Hemos dicho cuando la necesidad lo exige y cuando es útil. Es el interés que el padre tiene en el bienestar de su hijo lo que le hace castigarlo, para que corrija sus faltas y lleve una buena vida. El gran Padre de la humanidad tuvo este objeto en vista cuando dio al hombre autoridad para infligir castigos. Dejarse llevar de la impaciencia y de la cólera por la mala conducta y las faltas de sus hijos, o dejarse llevar por una aversión momentánea, por la mala voluntad o por el mal humor para infligirles un castigo, es abusar de la autoridad que Dios ha depositado en usted. Tal castigo es una mera gratificación de tu propia pasión, y así, mientras corriges la falta de tu hijo, tú mismo cometes una mayor. Es evidente que tal tratamiento es peor que inútil. Y cómo puede ser de otro modo cuando procede de motivos tan impropios y se inflige tan imprudentemente.

Pero supongamos que el castigo infligido esté de acuerdo con la naturaleza del niño y su ofensa, sin embargo, en la suposición hecha anteriormente, el padre difícilmente podrá infligirlo con la calma necesaria. El castigo irá acompañado de abusos, reproches, ira y demasiada severidad o crueldad. Cuando incluso un castigo merecido es infligido así, el niño es ultrajado por su padre y sus sentimientos son heridos. Siente la injusticia del castigo infligido de esta manera, y se escandaliza al ver a su propio padre alzarse como enemigo y tratarlo con tanta crueldad, y de una manera tan indigna y apasionada. De este modo se asesta un golpe mortal a su joven corazón, y la veneración que naturalmente sentía por su padre es sustituida por un sentimiento de desprecio y desdén.

Este es ciertamente un castigo que no sólo no curará las faltas y defectos del niño, sino que los aumentará.

Por desgracia, ¡cuán a menudo los padres adoptan tales métodos para castigar a sus hijos! ¡Qué responsabilidad! Aquellos que Dios ha designado como padres y amigos de sus hijos se convierten en sus peores enemigos. El modo en que castigan a sus hijos les causa un daño incalculable. San Pablo tenía esto en cuenta cuando escribía a los Efesios: "Y vosotros, padres, no provoquéis a ira a vuestros hijos, sino criadlos en la disciplina y corrección del Señor" (Ef. vi. 4.). El Apóstol quiere decir: disciplinad a vuestros hijos, castigadlos cuando sea necesario, pero como hace Dios, que castiga con justicia, misericordia e indulgencia. Escribiendo a los Colosenses, el mismo Apóstol dice: "Padres, no provoquéis" con castigos irrazonables "a vuestros hijos a la indignación, para que no se desanimen" (Col. iii. 21).

Hasta aquí hemos hablado del modo de infligir el castigo, pero cuántas veces los padres no cometen otra falta por falta de cuidado e inteligencia en la selección y elección del castigo adecuado que se ha de infligir. El niño debe ser castigado, pero hay muchas clases de castigos. Si juzgáramos por la conducta de algunos padres, llegaríamos a la conclusión de que sólo hay un tipo: los azotes. A los niños se les azota con varas y palos y se les golpea con garrotes; se les esposan y arrancan las orejas, se les tira del pelo y se les arroja a la cabeza lo primero que se encuentra a mano.

Ahora bien, pensamos, y con razón, que algunos de estos castigos son totalmente indignos de un padre (y de una madre) cristianos, sobre todo cuando se infligen en un arrebato de cólera. El sentido común y la paciencia cristiana prohíben que un padre castigue así a su hijo.

Hay, sin embargo, algunos castigos que están permitidos; por ejemplo, un padre puede usar una vara o un látigo, y según las circunstancias puede golpear las orejas o dar una bofetada en la mejilla, porque hay algunos niños que no pueden ser llevados al sentido de su deber por ningún otro medio. También hay casos en los que el castigo debe infligirse en el acto, allí mismo.

Pero insistir en castigar indiscriminadamente a todos los niños, y en todos los casos con castigos corporales, es muy poco razonable. Como hemos visto, priva a los niños de los efectos beneficiosos del castigo. Hemos dicho anteriormente que hay diferentes tipos de castigos. Es castigo para un niño privarle de ciertas cosas que le gustan: si no se le permite jugar a cierta hora; si se le hace esperar poco tiempo para la cena; si se le prohíbe hacer visitas y jugar a veces con sus compañeritos; si se le priva de sus juguetes, etc. También es un castigo obligar al niño a hacer algo que le resulta desagradable; por ejemplo, quedarse solo durante un rato; hacer un trabajo que le repugna; vestir durante un tiempo ropas viejas y raídas; hacer algo humillante, etc.

Entre tanta variedad, los padres siempre pueden encontrar la que mejor se adapta para alcanzar el fin por el que se inflige el castigo: la enmienda del niño. ¿Quién puede negar que los castigos suaves hacen más bien a un niño naturalmente tímido que el trato duro y severo? Los castigos que son apropiados para los niños pequeños no se adaptan a los niños y niñas adultos. Debe darse alguna tarea humillante por faltas que se originan en el orgullo y la autoestima, y la sensualidad debe enfrentarse con la privación de lo que es gratificante para los sentidos.

¿Se puede encontrar un artesano o un mecánico sensato que, teniendo todas las herramientas necesarias para su trabajo, coja la primera que tenga a mano, sea la correcta o no? Desde luego que no. El artesano seleccionará la herramienta más adecuada para el trabajo que está realizando; no cogerá una sierra para cepillar una tabla o un martillo para serrarla. Ahora bien, la educación (crianza) de los hijos es una labor importantísima; y, sin embargo, cuando los padres que se dedican a esta labor tienen que infligir castigos, aplican el primero que se les ocurre, en lugar de seleccionar cuidadosamente el método mejor y más útil.

Los consejos que hemos dado a los padres no son ciertamente muy fáciles de llevar a cabo. En efecto, es más fácil no castigar que castigar como es debido. Ejercer el derecho de castigar requiere una gran devoción al bienestar del niño; requiere grandes dolores, mucha reflexión y deliberación, y no poca abnegación. Pero es un deber sagrado y una condición del bienestar eterno del padre. Y aquí se verifican las palabras del Señor: "El reino de los cielos sufre violencia; y los violentos la llevan" (Matth. xi. 12). Además, si el derecho de castigar se ejerce correcta y fielmente, dará frutos preciosos en los hijos y, por tanto, bien merece todos los sacrificios y dolores del padre. El padre que cumple con su deber en este sentido cosechará una gran recompensa aquí en la tierra y una recompensa aún mayor en la eternidad por sus cuidados, ansiedades y sacrificios; mientras que aquellos que no mantienen a sus hijos bajo disciplina, o no lo hacen de manera adecuada, sufren penas, aflicciones, ansiedad y problemas en este mundo por la conducta perversa de sus hijos. Y ¡cuál será su suerte en la eternidad!

III. El cuidado paterno.

Imaginemos a un padre que se esfuerza por seguir los consejos y sugerencias anteriores. Sus hijos están a salvo mientras están bajo su cuidado y guía. Pero los hijos no siempre permanecen en el recinto seguro de la casa de su padre. Tienen muchas relaciones con los de fuera, y llegará un momento en que los hijos y las hijas deban abandonar el techo paterno. De ahí surgen nuevos deberes. Mencionémoslos.

1. 1. La vigilancia de los hijos.

El padre (y la madre) no pueden tener a sus hijos, mayores y pequeños, constantemente bajo su inmediata vigilancia. El trabajo y las diversas ocupaciones los separan durante más o menos tiempo de los niños; y éstos no siempre están en casa, sino en algún empleo, en la escuela, jugando, etc.

En tales ocasiones, los niños pueden correr un gran peligro. Se encuentran con otros niños o adultos cuya conversación les escandaliza; se relacionan con personas que incluso pueden tratar de inducirles al pecado; van a lugares donde su fe y su inocencia corren gran peligro; asisten a fiestas de placer y mantienen amistades de carácter peligroso.

Los niños son inexpertos; si no se les advierte a tiempo, se precipitan en los mayores peligros y se arruinan. Son desconsiderados; se dejan llevar fácilmente por sus impulsos, que les llevan a la destrucción. Dependen de los demás y se extravían con poca dificultad.

Un padre que conoce estas cosas y reflexiona sobre ellas, ¿no cuidará de su hijo y, en la medida de sus posibilidades, lo protegerá del peligro que le amenaza? ¿No es éste su deber más sagrado?

Admitimos que bajo ciertas circunstancias la situación del niño no puede ser perfectamente segura y protegida, haga lo que pueda. Pero debe hacer lo que pueda. Y, en efecto, se puede hacer mucho en este particular si se tiene buena voluntad y no se eluden los problemas y los sacrificios. El ejemplo de los padres realmente buenos es una prueba de ello. Por supuesto, no puede lograrse sin esmero y perseverancia. Pero hay algunos padres que no están dispuestos a preocuparse mucho por ello, y que, por lo tanto, dejan a sus hijos sin ninguna supervisión y les permiten hacer lo que les plazca. ¡Cuántos niños se pervierten y se pierden porque los padres (y las madres) carecen de vigilancia y cuidado!

A menudo se ha observado que muchos padres cuidan más de su ganado que de sus hijos. Son muy cuidadosos en preservar a sus tontos brutos de peligros o heridas, mientras que descuidadamente permiten que sus hijos estén expuestos a peligros aún mayores. ¡Cuán cierta y justa es esta comparación en muchos casos! A su debido tiempo, se levantará en juicio contra tales padres y establecerá la justicia de su condenación eterna.

Por lo tanto, es el deber más sagrado de un padre cristiano hacer todo lo que pueda a este respecto. En primer lugar, el padre (y la madre) deben esforzarse por saber adónde va el hijo o la hija, sobre todo si van a estar fuera de casa durante un tiempo considerable; también deben tratar de saber con qué compañía se relacionan.

Además, es importante que el padre conozca el carácter de los lugares que frecuentan, así como el de las personas que allí se encuentran; que sepa lo que ocurre en esos lugares, qué diversiones se permiten, etc. Si el padre lo desea sinceramente, puede encontrar los medios para adquirir ese conocimiento. Según las circunstancias, llamará al hijo o a la hija para que den cuenta de sí mismos durante su ausencia de casa; investigará el asunto, y con prudencia y cuidado podrá obtener la información necesaria de otras personas, o tal vez su propia experiencia le permita formarse un juicio correcto de tales visitas y diversiones, y de lo peligrosas que pueden ser las relaciones familiares entre jóvenes de ambos sexos.

Poseyendo este conocimiento, el padre se gobernará en consecuencia. En primer lugar, cuando sus hijos estén a punto de salir de casa, debe saber adónde van. Si se les ha acostumbrado a esta regla en sus primeros años, la observarán más fácilmente a medida que crezcan.

Lo que después de madura deliberación considere peligroso para el niño, en vista de su edad y de sus cualidades mentales y corporales, se lo prohibirá terminantemente; por ejemplo, la asociación con ciertos niños, las visitas a ciertas casas o, en el caso de niños mayores, la compañía de ciertas personas, la indulgencia en ciertas diversiones, etc. El padre insistirá en el estricto cumplimiento de sus órdenes.

Si descubre que un hijo o una hija ha desobedecido sus órdenes en estas materias, le advertirá y aconsejará seriamente, en caso de que la desobediencia sea más el resultado de la ignorancia o de la falta de reflexión que de la malicia; pero si a pesar de sus repetidos consejos y advertencias sus órdenes han sido desobedecidas voluntariamente, no dejará de infligir un castigo condigno. Se requiere seriedad, firmeza y resolución, y en ciertas circunstancias puede ser necesaria incluso una gran severidad, particularmente cuando existe un peligro evidente de pecado si no se abandonan prontamente las prácticas prohibidas.

Será una gran ayuda para que el padre alcance su objetivo si el orden, la regularidad y la regla reinan en su hogar, y si sus hijos se han acostumbrado a este orden y regularidad, particularmente la orden que les exige estar en casa a una hora fija. En todo caso, si se les da permiso para ausentarse de casa debe determinarse la hora de su regreso, y no debe admitirse ninguna excusa en caso de incumplimiento.

Hay casos en que hay peligro en asistir a ciertas fiestas, etc., y, sin embargo, el padre no puede negar el permiso a su hijo o hija para asistir; en tales casos, debe acompañarlos él mismo, o designar a una persona responsable para que los cuide.

Éstas son sólo algunas indicaciones en una materia en la que los casos individuales difieren tanto entre sí que es imposible dar una regla para cada caso particular. Pero lo que se ha dicho permitirá al padre ocuparse de tales casos según lo requieran las circunstancias.

Quiera Dios que todos los padres y madres cumplan con su deber en esta materia. Cuántos pecados se evitarían y cuántos hijos se salvarían de la ruina. Cuántos han cometido los errores más deplorables, por los cuales la felicidad de sus vidas ha sido destruida y sus almas inmortales perdidas, todo a causa de los padres que descuidan vigilar cuidadosamente a sus hijos. ¡Ay de los padres de hijos tan desgraciados!

Levantaos, pues, padres cristianos, meditad y reflexionad sobre los deberes de vuestra vocación. Velad y tened cuidado de los hijos que Dios os ha confiado.2

2. Hijo e hija en el extranjero

El hijo y la hija abandonan su hogar para aprender lo necesario para su vida futura, o para ganarse su propio sustento. El hijo como alumno en alguna institución, o como aprendiz en una tienda o taller, o como sirviente. La hija deja el hogar de su infancia para adquirir nuevos logros, o para ganarse la vida como sirvienta en otra familia.

Ahora bien, un padre que tiene ante todo en su corazón el bienestar eterno de su hijo no puede ver, sin ansiedad, a su hijo o a su hija marcharse a un lugar donde ya no estarán bajo su tutela, protección e influencia. Su alma se llena de ansiedad cuando reflexiona que su hijo o hija puede sufrir la influencia fatal del mal ejemplo que personas de vida poco cristiana e inmoral pueden darles; su mente se turba al pensar en los malos efectos que las malas conversaciones y conducta de tales personas pueden tener en sus jóvenes mentes, ya que son capaces de socavar todos los buenos principios de fe y moralidad que sus hijos han recibido; teme las tentaciones, inducciones y seducciones de un mundo perverso con el que sus hijos deben entrar ahora en contacto.

Y, en efecto, tiene motivos para temer y temblar. ¡Ay, cuántos jóvenes, hombres y mujeres, que se desenvolvían tan bien bajo las influencias del hogar, después de dejar el techo paterno buenos y virtuosos hijos, han sufrido la influencia perniciosa de sus nuevos hogares; han perdido poco a poco los sentimientos piadosos y religiosos con que estaban imbuidos y se han entregado al pecado y al vicio; han perdido su inocencia, su fe, y han vuelto a su hogar despojados de los tesoros más preciosos de su vida!

¿Pueden, pues, un padre (y una madre) cristianos permanecer indiferentes cuando se ven obligados a dejar marchar a sus hijos al extranjero? ¿Pueden ser indiferentes a su destino? Imposible. Más bien, como es su deber, harán todo lo posible para protegerlos del peligro amenazante; se esforzarán en la medida de lo posible por preservar la fe y la piedad que fueron inculcadas en sus corazones en casa.

¡Qué extraño! Si confiáis al cuidado de otros algo que es precioso y querido para vosotros, tomáis todas las precauciones para que os sea devuelto en tan buenas condiciones como cuando lo dejasteis; por ejemplo, si prestáis dinero a interés, examináis si la parte que lo toma prestado puede dar suficiente seguridad; no lo prestaréis si veis algún peligro de perderlo. Ahora bien, los niños, lo más precioso de todo, son entregados sin ninguna seguridad de que su bienestar eterno no esté en juego, o incluso cuando se sabe que es al contrario. ¡Qué incoherencia! ¡Qué responsabilidad!

Es cierto que, en muchos casos, a veces es casi imposible hacer algo para proteger al hijo, pues no siempre es posible procurarle una situación en la que pueda encontrar todo lo que desearía respecto a la fe y la moral. Y, sin embargo, el hijo y la hija deben abandonar sus hogares; no se puede evitar.

Sin embargo, debe admitirse que en la mayoría de los casos hay por parte del padre una inconcebible indiferencia y despreocupación que es inconsistente con un verdadero espíritu cristiano. En general, él tiene en vista las perspectivas temporales, y sólo éstas valora y estima. Su hijo o su hija pueden aprender en tal lugar muchas cosas útiles desde el punto de vista temporal; en tal posición pueden adquirir riquezas; en tal situación hay buenas perspectivas para el futuro, etc., etc. Estas consideraciones son suficientes para determinar su mente. No pregunta si el hijo o la hija estarán expuestos al peligro de perder la fe o la inocencia de corazón. Esto no le preocupa; incluso lo destierra de su mente.

¿Y cuál es la consecuencia? Por supuesto, el hijo y la hija pueden, en las circunstancias en las que han sido arrojados tan imprudentemente, llegar a ser listos, inteligentes y cultos; pueden recibir grandes salarios; les esperan buenas perspectivas en el futuro inmediato. Pero también encontraréis que con todas estas adquisiciones, esperanzas y perspectivas han perdido el sentimiento cristiano que tenían antes; el ejercicio de las virtudes cristianas no les es tan familiar como antes; son esclavos de pasiones perversas; han perdido la pureza de corazón y han sufrido el naufragio del don más precioso de Dios: la fe. ¿Serán felices con todas sus otras adquisiciones? Ay, ni siquiera aquí en la tierra serán felices. No importa cuántas veces se haya negado, es y seguirá siendo siempre verdad que toda felicidad terrenal, por grande que sea, se desvanecerá rápidamente y dejará el corazón humano vacío y vacío, a menos que se construya sobre el fundamento de la verdadera piedad cristiana. Y después, la eternidad. ¿Es pequeño el número de esos desgraciados que atribuyen su condenación eterna a esas situaciones de honores y riquezas terrenales en las que fueron colocados tan cruelmente por sus padres en sus años jóvenes?

Pero basta. No cabe duda de que las obligaciones del padre (y de la madre) no cesan cuando los hijos han abandonado el hogar y el padre no puede supervisar su conducta. Mientras los hijos no hayan alcanzado la madurez de edad y juicio que les permita cuidar de sí mismos, el padre debe cuidar de ellos. Si no puede asegurarles a todos las ventajas que desea, al menos debe hacer lo que pueda. La experiencia enseña que los padres buenos y conscientes pueden hacer mucho por sus hijos procurándoles situaciones adecuadas. Tales padres se preocupan por el bienestar de sus hijos; se interesan mucho por este asunto; se esmeran en indagar e investigar, y no escatiman sacrificios. Nada parece demasiado difícil para tales padres, porque realmente aman a sus hijos y valoran su bienestar eterno por encima de todas las cosas terrenales. Además, el amor que profesan a sus hijos les hace inventivos. Y como en este importante asunto recurren a Dios por medio de la oración, Dios ilumina sus mentes para que conozcan el verdadero camino a seguir, o cambia las circunstancias a su favor.

Así actúan los padres cristianos verdaderamente piadosos. Y si a veces, incluso con sus mejores esfuerzos, no pueden obtener lo que desean, y deben contentarse con poco o nada, nunca colocarán a sus hijos en situaciones en las que haya un peligro evidente y seguro para su fe y virtud, por grandes que sean las ventajas temporales.

Y cuando un hijo ha dejado el hogar, el verdadero padre cristiano (con la madre) siempre tendrá un ojo puesto en él, y en la medida de lo posible hará averiguaciones sobre su conducta, etc. Y si sus esperanzas anteriores resultan falsas, y descubre que su hijo o hija está en peligro, no se mostrará descuidado e indiferente, sino que, si las cosas no pueden remediarse de otro modo, sacará a su hijo lo antes posible de tal lugar, y así salvará su fe y virtud.

También en este caso el padre no siempre puede hacer lo que su corazón desea, ni puede hacerlo tan pronto como lo desea; hace, sin embargo, lo que es posible. Esto debe hacerlo porque es el deber sagrado de su vocación. ¿Qué hace un hombre que ha prestado dinero y teme perderlo? Toma medidas para asegurarlo. Ahora, cuando se trata de los hijos, que son más preciosos y valiosos que el dinero, ¿no actuará un padre de la misma manera y tomará medidas para asegurar su bienestar temporal y eterno?

Desgraciadamente, esto no se hace sino muy raramente; los padres son en este particular demasiado descuidados e indiferentes, pero cuando es demasiado tarde deben sufrir las consecuencias. Sus hijos serán su castigo. ¡Qué pena y qué dolor causarán tales hijos a sus padres! Por eso, "cuida de aquellos sobre quienes has sido puesto".

3. Elección de un estado de vida.

Pretendemos hablar aquí de los hijos. Salvo en algunos casos de vocación al estado religioso, la vida futura de las hijas está generalmente determinada por circunstancias de las que trataremos más adelante. Hablamos ahora de los hijos.

¿En qué se convertirá nuestro hijo? ¿Estudiará? ¿Aprenderá un oficio o un arte? y ¿cuál? ¿Será soldado? ¿O dedicará toda su vida a alguna ocupación ordinaria en casa, o como sirviente fuera de casa? Estas son preguntas que naturalmente surgen en la mente de todo padre que se preocupa por el bienestar de su hijo.

Es indudable que hay para cada hijo, como para cada niño, un estado de vida que le conviene más, que es el mejor para él y el más conducente a su bienestar, teniendo en cuenta sus cualidades corporales y mentales, las circunstancias en que se encuentra y los medios de que dispone. Este estado de vida es, pues, el que está más en armonía con la voluntad de Dios. Es su vocación.

De lo dicho hasta aquí se deduce que es de gran importancia para un hijo conocer su vocación, elegirla, prepararse para ella y seguirla en el momento oportuno. La vocación es una llamada a un determinado estado de vida que está más de acuerdo con la voluntad de Dios, que gobierna de un extremo a otro de la tierra y ordena todo para lo mejor. Por esta razón, Dios ha concedido a su hijo los dones y la capacidad necesarios, le ha dado una inclinación para su trabajo particular y lo ha colocado en circunstancias en las que puede aprender lo que es necesario para su estado en la vida. Si entonces podemos esperar que el joven, en el momento oportuno, entre en los deberes de su vocación, esta esperanza se verá aumentada por la bien fundada expectativa de que el Señor le asistirá con su divina gracia en la vocación que le ha señalado, y de una manera especial regulará y ordenará las circunstancias de tal modo que pueda cumplir los deberes de su estado de vida y encontrar la vida eterna.

Si todo esto está calculado para impresionarnos con la importancia de la vocación, parecerá aún más fuerte si reflexionamos que la vocación de una persona a un cierto estado de vida es el camino más seguro, el único, para adquirir la verdadera felicidad y satisfacción en la medida en que se puede disfrutar aquí en la tierra, y que es el camino mejor y más seguro para la felicidad eterna. Los que han errado en su vocación son generalmente infelices en su estado de vida, y como no encuentran placer en ella ni tienen amor a sus obligaciones, son muy descuidados y negligentes en su observancia; así agravan su propia conciencia, y se hacen infelices en sí mismos y obstáculos para el bienestar de los demás. Un error en la elección de una vocación es, pues, muy peligroso, ya que puede conducir finalmente a la ruina eterna.

Es, pues, de la mayor importancia para un hombre conocer y elegir su vocación. Y como la elección, en la mayoría de los casos, se hace a una edad temprana, cuando no se posee un juicio maduro o experiencia para determinarla por uno mismo, el padre (y la madre) deben ayudar a su hijo con consejo y asesoramiento. Con este fin, Dios, en su sabia providencia, confió a los niños y a los jóvenes el cuidado y la tutela de los padres, para que suplieran lo que les falta.

Así como enseñamos a los hijos que es su deber sagrado consultar a sus padres y pedirles consejo antes de elegir una vocación, es necesario que el padre estudie para conocer la vocación de su hijo a fin de poder darle un buen consejo.

Esto a veces no es muy difícil; la vocación del hijo se manifiesta de diversas maneras. Muestra muy pronto una inclinación decidida por un oficio, ocupación, etc. en particular. Esta es una buena señal de que tiene vocación para ello, especialmente si posee una aptitud natural para ello y si no hay objeciones por otras causas. También la vocación se conoce por las circunstancias; por ejemplo, el hijo es llamado a continuar o llevar adelante el negocio de su padre, o a seguir su oficio u ocupación, siempre que no tenga aversión decidida a tal ocupación y no carezca de las cualidades necesarias para ello.

Sin embargo, la vocación de un hijo no siempre se manifiesta con tanta claridad; no observas esa inclinación natural por un determinado estado de vida, o si la observas hay tal vez obstáculos insuperables en el camino de tal elección; ni las circunstancias arrojan luz alguna sobre el tema. Debes, pues, reflexionar y asesorarte para encontrar la verdadera vocación de tu hijo.

Se cometen muchos errores en este particular, y por eso hay tantas vocaciones equivocadas, con todas sus malas consecuencias.

Los padres cometen un grave error cuando al elegir una vocación para su hijo consultan sólo motivos egoístas, deseos desmedidos de ganancias mundanas, honores, etc. Un padre elegirá una vocación para su hijo porque es más honorable, otro porque es más provechosa para él mismo. Así, muchos hijos tienen que trabajar en casa o en una tienda o fábrica, y se les impide aprender el oficio o negocio que desean. No se tiene en cuenta su inclinación o sus capacidades, ni siquiera su bienestar eterno.

Esta última reflexión nos lleva a notar otro error muy grave que cometen los padres al elegir un estado de vida para sus hijos. Los padres casi siempre son llevados a una elección por motivos puramente temporales, sin considerar el bienestar eterno de sus hijos. Hacen la elección y, en cierto modo, imponen su elección al hijo, mientras que la experiencia y sus peculiaridades personales muestran que existe el mayor peligro, y que tal estado de vida resultará un obstáculo para su felicidad eterna. Este modo de actuar podría excusarse si hubiera necesidad de tal elección, pero ni siquiera entonces cuando existe un peligro evidente.

Lo principal que un padre debe tener en cuenta al elegir un estado de vida para su hijo es su salvación eterna. Debe, pues, al hacer su elección, preferir aquel estado que le ofrezca la mayor protección contra los peligros para su alma. La vida del hombre, considerada a la luz de la fe, ¿no es una preparación para la eternidad? ¿No procede de Dios el hombre mismo, así como todo lo que posee? Y todo lo que posee, ¿no ha de servirle para una eternidad feliz? Como esta eternidad feliz es el objeto principal de la vida, es también el objeto principal de todo estado de vida, y por lo tanto es necesario en la elección de un estado de vida examinar y considerar si la elección que se va a hacer conduce a ese fin, o si es un obstáculo para él. Si un padre no tiene este objeto en vista, si sólo consulta el bienestar temporal de su hijo, éste puede ser conducido a la perdición eterna al entrar en un estado de vida elegido para él por un motivo tan impropio. ¿De qué le servirá entonces haber gozado de prosperidad y felicidad temporales durante algunos años? Y ni siquiera esto puede durar mucho tiempo, pues sólo puede gozar de verdadera y permanente felicidad quien, siguiendo su vocación, lleva una vida agradable a Dios.

Vuelves a fracasar en la elección de un estado de vida para tu hijo cuando no consultas sus inclinaciones. Si una cierta inclinación y amor por un determinado estado de vida es una buena señal de vocación a él, es también una prueba de que una persona en tal estado será feliz y estará contenta, y cumplirá con los deberes y obligaciones del mismo. Por lo tanto, en todos los casos, es peligroso instar a un hijo a entrar en un estado de vida al que tiene aversión.

Yerras de nuevo al elegir un estado de vida para tu hijo si no tienes en cuenta sus capacidades naturales y adquiridas y sus aptitudes corporales y mentales. Entonces el hijo será colocado en una posición para la que no tiene las cualificaciones necesarias, para la que no tiene y no puede adquirir los conocimientos y habilidades necesarios; no puede, por lo tanto, desempeñar los deberes de este estado. Esto es una gran desgracia para él y para los demás.

Vuelves a fracasar si no puedes responder satisfactoriamente a la pregunta de si el estado de vida elegido para tu hijo ofrece suficiente seguridad para su bienestar y felicidad temporales.

Cuanto más hay que considerar, más difícil es hacer una selección adecuada; y como el bienestar del hijo para el tiempo y la eternidad depende de la selección de este estado de vida, mayor es la responsabilidad del padre que hace la elección. Es, en efecto, de tanta importancia como para hacerle reflexionar seriamente sobre ello, tomar consejo, pedir consejo a personas experimentadas, recomendar el asunto a Dios mediante una ferviente oración, y suplicar la gracia de conocer el verdadero estado de vida al que su hijo está llamado, para que no se deje llevar por motivos impropios, sino que haga lo que es más agradable a Su divina majestad. "Muestra, Señor, lo que has elegido".

Si la importancia de este deber fuera bien comprendida y bien cumplida por los padres cristianos, ¡cuánta miseria e infelicidad se ahorraría a muchos hijos! Todos entrarían entonces en ese estado de vida al que están llamados, y con la bendición de Dios disfrutarían de la verdadera felicidad.

Debemos añadir ahora algunas palabras sobre el estado matrimonial. Tenemos en vista más particularmente a las hijas, aunque lo que se va a decir es también aplicable a los hijos.

Los motivos mundanos, las ventajas temporales, prevalecen casi siempre en la elección del estado matrimonial en la vida, particularmente cuando hay una gran fortuna, grandes honores y dignidades que ganar. No se pregunta entonces por el sentimiento religioso o la conducta moral de la otra parte; se da el consentimiento, y todo se apresura para que el matrimonio no se celebre. Y, sin embargo, puede ser bien sabido, por ejemplo, que el joven es un despilfarrador, un libertino, que no se preocupa por la religión y la iglesia, que descuida sus deberes religiosos, que, en una palabra, se ha alejado de su fe y de su Iglesia y no lleva un buen nombre. Y sin embargo, ¡deploramos tantos matrimonios infelices!

Sí, tu hija ha hecho un buen partido; es la señora de una casa noble, la esposa de un caballero rico; vive a lo grande, es honrada y respetada. Pero, ¿qué clase de marido tiene? Es irreflexivo, sin religión, no tiene en cuenta la virtud, sigue sus malas inclinaciones, es infiel a su esposa, hiere sus sentimientos y le causa pena y dolor. Dueña de una casa tan hermosa, vestida con ropas costosas, rodeada de sirvientes, moviéndose en los círculos más altos de la sociedad, esta esposa es infeliz, descontenta, su corazón consumido por el dolor. Y ésta, su hija, en tales circunstancias, ¿no se descuidará de las cosas espirituales y santas? ¿No llevará al final una vida irreflexiva y pecaminosa? Los hijos seguirán el ejemplo del padre y de la madre. ¿Qué esperanzas hay aquí para la eternidad? La época actual ofrece numerosos ejemplos de lo que hemos dicho. Sí, tenemos buenas razones para quejarnos cuando vemos a los padres tan desentendidos de su deber en este particular, mientras que en otras cosas actúan como buenos cristianos. Entregan a sus hijas buenas y piadosas en matrimonio a jóvenes como los que hemos descrito. Por supuesto, se halagan a sí mismos con la esperanza de que la joven esposa, con su buen ejemplo, convertirá a su marido y lo llevará a una vida mejor. Pero, ¡ay! cuán a menudo sucede lo contrario. ¿Cuántas veces tales esperanzas han resultado ser meros castillos en el aire? La joven esposa, que vive en una relación diaria e íntima con su marido, se verá arrastrada a su manera de pensar y de vivir, y al final ella y sus hijos irán con él a la destrucción.

Es, pues, imposible que un padre verdaderamente cristiano consienta en tal matrimonio, por grandes que sean las ventajas temporales de tal unión; no venderá el alma de su hija ni su verdadera felicidad por unas pocas ventajas temporales.

1 No puedo dejar de aconsejar aquí a los padres que lean nuestro librito La madre cristiana. Lo que en él se dice es de igual importancia para el padre cristiano. Ese amor natural que siente por sus hijos debe ser bendecido y glorificado por la fe y la gracia ("La madre cristiana", pág. 40) antes de que pueda tener éxito en la obra de la educación. Que lea también sobre la dote (página 54), para que sepa que la naturaleza y las características del padre influyen en los hijos para bien o para mal. También debe poner de su parte, para que impregne el hogar esa atmósfera consagrada o influencia santa de la que tan necesariamente dependen los resultados de una buena educación (página 63). Si es deber de la madre conducir a los hijos al conocimiento de las verdades cristianas, no lo es menos del padre (pág. 69). Del mismo modo, lo que se dice de la guarda de la santa inocencia (página 95); de la dirección (página 106) y, por último, de la madre en la oración, es igualmente aplicable y valioso para el padre. Como en esta, nuestra pequeña obra, tratamos aún otras cuestiones en referencia a una buena educación cristiana. El padre cristiano y La madre cristiana forman, en algunos aspectos, una obra en dos partes. Desearíamos, por tanto, que el padre leyera la segunda y la madre la primera.

2 Aprovechamos la ocasión para llamar la atención sobre un punto que la experiencia nos ha enseñado que con frecuencia se convierte en ocasión de grandes males y pecados para los niños, especialmente para los varones. Es que se les permite tener y gastar dinero de una manera que es muy peligrosa y perjudicial para ellos. Esto se debe a la excesiva bondad o indulgencia del padre o de la madre al darles dinero, o a la negligencia a la hora de guardarlo debidamente, de modo que los niños puedan obtenerlo fácilmente a hurtadillas. La experiencia enseña que esta indulgencia o negligencia por parte de los padres causa

una triste degeneración en los hijos, conduciéndoles a la bebida, a los excesos e incluso a la deshonestidad y al robo. Nos hace sangrar el corazón semejante descubrimiento, y uno se siente impulsado a gritar: Oh, si se pudiera hacer comprender a los asombrados padre y madre que deben negar por completo el dinero a sus hijos, o dárselo sólo cuando sea necesario; que deben tomar las precauciones necesarias para que los niños no tengan acceso al lugar donde se guarda el dinero. La oportunidad hace al ladrón.

DOS PADRES
MODELO

I. Los matrimonios mixtos.

Los dos últimos temas que hemos tratado nos traen a la memoria a dos padres modélicos, de los que nos dan cuenta las Sagradas Escrituras. El primero es Abraham. Vivía entre un pueblo pagano e inmoral, y deseando elegir una esposa para su hijo Isaac, tuvo cuidado de que ninguna de las hijas de ese pueblo se convirtiera en la esposa de su hijo, para que su mal ejemplo no lo descarriara. Envió, pues, al criado mayor de su casa, el fiel Eliezer, y le ordenó que fuese a su tierra y a su parentela, y eligiese allí una esposa virtuosa para su hijo. Y ¡con cuánta seriedad no se dedicó Abraham a este deber! Eliezer se vio obligado a jurar que cumpliría fielmente las órdenes de su amo: "Pon tu mano debajo de mi muslo -le dijo Abraham-, para que te haga jurar por el Señor, Dios del cielo y de la tierra, que no tomarás para mi hijo mujer de las hijas de los cananeos, entre los cuales yo habito, sino que irás a mi tierra y a mi parentela, y tomarás de allí mujer para mi hijo Isaac" (Gn. xxiv. 2, 3, 4). Y Eliezer hizo lo que su señor le mandó; escogió a la hija de Betuel, la noble Rebeca, y la bendición de Dios fue sobre esta unión.

No hay duda de que entre las hijas de los cananeos había muchas notables por su belleza y otros logros, y poseedoras de grandes riquezas. Una alianza con una hija del país en que vivía podría haber sido muy ventajosa para Abrahán; pero a él no le importaban las ganancias temporales; el honor de Dios y el bienestar espiritual de su hijo eran más importantes para él. Su único objetivo era que su hijo tuviera una esposa que temiera al Señor e hiciera su santa voluntad.

¡Ojalá que todos los padres pensaran y actuaran así! ¡Cuánto más felices serían los matrimonios de sus hijos en el tiempo y en la eternidad!

Estas palabras de Abrahán: "Que no tomes para mi hijo mujer de las hijas de los cananeos", son de gran importancia y no deben pasarse por alto sin comentarlas, ya que se refieren a los matrimonios mixtos. ¿Podemos esperar que todo padre cristiano siga en este asunto el noble ejemplo de Abrahán? Debe ser su principio no consentir nunca que su hijo o hija entre en una alianza matrimonial con un no católico. Un padre cuyo corazón se aferra a su fe y a su Iglesia no puede ser indiferente a la fe religiosa de aquellos a quienes su hijo o hija pretenden tomar como compañeros para toda la vida, para bien o para mal. Lamentamos que nuestro limitado espacio no nos permita tratar este tema más extensamente; nos limitaremos, por tanto, a algunas observaciones.

Ciertamente, no hay relación más íntima que la que existe entre el hombre y la mujer. "Y serán dos en una sola carne". ¡Cuán íntimamente, pues, deben estar unidos los corazones del hombre y de la mujer! Pero ¿puede ser así si no hay unidad de sentimientos y de sentimientos en materia de religión, si no sólo no tienen las mismas convicciones religiosas, sino que, por el contrario, sostienen doctrinas diferentes y antagónicas? La felicidad conyugal real y verdadera nunca puede disfrutarse en tales matrimonios mixtos. Si los cónyuges son ambos indiferentes a la religión y a la fe, su vida no se verá perturbada por diferencias de creencias religiosas, pero no podrán disfrutar de una felicidad conyugal verdadera y permanente, pues ésta sólo es posible donde hay religión y fe. La diferencia de religión, pues, aun cuando ni el hombre ni la mujer sean particularmente devotos de su fe particular, perturbará más o menos la paz de sus corazones. Hábitos, costumbres, asociaciones y relaciones chocan constantemente y crean una causa de permanente descontento e insatisfacción. Si un padre, entonces, piensa beneficiar a su hijo consintiendo en un matrimonio mixto debido a la promesa de ventajas temporales está muy equivocado. La felicidad anticipada es un engaño. Y no debe olvidarse que la parte no católica puede tarde o temprano hacer uso del supuesto derecho de divorcio y casarse con otro. La mera posibilidad de esto, ¿no hará muy infeliz a la parte católica?

Pero éste no es el mayor peligro de los matrimonios mixtos. La parte católica y sus hijos corren un gran riesgo, pues tales matrimonios son peligrosos para su bienestar espiritual.

¡Qué fácil es que la parte católica pierda la fe viva y el espíritu católico que anima su seno, y que se descuide en las prácticas de la fe cuando la parte no católica la mira con desprecio, y se burla y se ríe de ella! Quien comprenda la inestabilidad de la voluntad humana y la debilidad del corazón humano admitirá fácilmente que, en tales circunstancias, existe un gran peligro de volverse tibio e indiferente y, finalmente, de perder la fe.

Pero ¡qué podemos pensar de los matrimonios mixtos cuando reflexionamos sobre la suerte de los hijos! Damos por supuesto que antes del matrimonio hubo un acuerdo o contrato de que todos los hijos debían ser educados en la fe católica. Sin un acuerdo de este tipo, tales matrimonios no están permitidos; la Iglesia los ha prohibido terminantemente. Pero después de todo, ¿es esta promesa, hecha tan solemnemente -concediendo su sinceridad- una seguridad suficiente de que los hijos serán educados en la fe católica? ¿Qué pasa si la parte no católica, influenciada por amigos y parientes, se muestra infiel a la promesa dada? Estos casos no son raros. ¿Y si las circunstancias obligan a trasladarse a un barrio no católico, donde no hay iglesia, ni sacerdote, ni escuela católica? O puede que la parte católica fallezca y los hijos queden en manos de la parte no católica, que muy probablemente se case de nuevo, y además con un protestante. ¿Cómo pueden entonces los niños recibir una buena educación católica?

¡Ay, qué triste es, en la mayoría de los casos, el destino de esos pobres niños nacidos de matrimonios mixtos! ¿Y qué responsabilidad recae sobre quien, por negligencia o descuido, ha sido la causa de tan tristes consecuencias? Tal vez los padres de los que han contraído matrimonios mixtos sean los más culpables, en la medida en que no cumplieron con su deber y trataron de impedir tales matrimonios. ¡Qué juicio les espera!

Pero incluso en los casos más favorables, en los que no hay ningún obstáculo que impida educar a los hijos en la fe católica, la educación católica de tales hijos no puede llamarse perfecta. Hemos observado con frecuencia que para que la educación de los hijos se lleve a cabo según la voluntad de Dios, el padre y la madre deben unirse en la obra y guiarlos con la palabra y el ejemplo a ser hombres y mujeres cristianos. Ahora bien, aunque la parte católica esté animada por la fe y el espíritu católico (lo cual, sin embargo, en los matrimonios mixtos es muy raro que suceda), no puede haber una educación católica digna de mención. Es una cuestión de mitades, y falta una mitad del profesorado. El protestante no contribuye ni puede contribuir a la educación del niño católico. La educación es, pues, imperfecta.

Pero, ¿cómo será la educación del niño católico cuando se confía al cuidado de una madre protestante? Su mente se forma desde la infancia, y las impresiones hechas en la infancia permanecen en la vida posterior. Pero ¿cómo puede esta madre no católica infundir un espíritu católico en su hijo, aunque quisiera? El ejemplo de los padres tiene mucho que ver en la educación de los hijos, por lo tanto, ¿qué gran desventaja para un niño cuando su madre es deficiente en este punto tan importante: la práctica de la verdadera fe? Además, ¿qué impresión se produce en el corazón del niño cuando ve a su padre o a su madre tan descuidados en aquellas cosas que se le enseña a considerar de tanta importancia, y cuando ve que lo que es querido para el corazón católico es considerado como superstición por el padre no católico?

Una verdadera educación católica es imposible en los matrimonios mixtos, y así se priva al niño de lo que es más importante para su salvación.

No se puede apelar al hecho de que la Iglesia concede dispensas en ciertos casos y bajo ciertas condiciones. La Iglesia desaprueba positivamente tales uniones; y si en ciertos casos no las impide o parece de algún modo consentirlas, lo hace con el corazón encogido y para evitar un mal mayor, pues considera que tales matrimonios son malos. Esto se deduce de la naturaleza del caso. Pues ¿cómo puede una persona animada por un verdadero espíritu católico contraer tal unión sin tener las más graves razones, cuando sabe que la persona con la que está unida por los lazos del matrimonio no está de acuerdo con ella en lo que considera de la mayor importancia? Un verdadero católico lucha contra ello, pero si no tiene estos sentimientos es señal de que ya está pervertido, y en los matrimonios mixtos tal perversión aumentará.

Por esta razón, pues, un padre cristiano desaconsejará siempre los matrimonios mixtos y usará su influencia para impedirlos.

II. Tobías.

Tobías es un hermoso cuadro que acompaña al gran patriarca Abraham. Estando cautivo en Asiria, se vio obligado a enviar a su hijo, el menor Tobías, a Gabelo, que habitaba en la ciudad de Rages, en la tierra de los medos. Pero qué cuidado tuvo de procurarse un guía digno de confianza, que pudiera aconsejarle y protegerle en su largo viaje. "Ve ahora -dijo a su hijo- y búscate un hombre fiel que te acompañe" (Tob. v. 4). Tobías era un hombre de oración, y mientras su hijo obedecía su orden, sin duda rezaba para que el Señor le enviara un buen guía. Sabemos cómo Dios envió al ángel Rafael para que fuera el guardián del hijo de su siervo fiel. Cuando el ángel se le acercó bajo la apariencia de un joven, Tobías le dijo: "¿Podrás conducir a mi hijo hasta Gabelo, en Rages, ciudad de los medos? Y cuando regreses te pagaré tu salario". Luego despidió a los viajeros, diciendo: "Que tengáis un buen viaje, y que Dios os acompañe en vuestro camino y su Ángel os acompañe". Y cuando hubieron partido y la madre comenzó a llorar, él la consoló con estas palabras proféticas: "No llores, nuestro hijo llegará allá sano y salvo, y volverá sano a nosotros; y tus ojos lo verán. Porque creo que el buen Ángel de Dios le acompaña y ordena que todo se haga bien, para que vuelva a nosotros con alegría." Sabemos que su esperanza se verificó.

Esta hermosa historia muestra también que Dios mismo cuidará bien de los hijos de padres piadosos cuando éstos los encomienden a su protección, especialmente si las circunstancias les obligan a ausentarse de casa. Por lo tanto, cuando un padre y una madre cristianos hacen todo lo posible para que la situación de sus hijos sea segura, y no dejan de orar por ellos, el Señor se hará cargo de ellos y los protegerá, aunque no de una manera tan maravillosa como lo hizo con Tobías. "Porque a sus ángeles ha encargado de ti que te guarden en tus caminos; en sus manos te sostendrán, para que tu pie no tropiece en piedra" (Salmos xc. 11, 12).

Ya que hemos hecho mención de este excelente padre, que es en todos los aspectos un modelo admirable para todo hombre y padre de familia, aconsejamos a todos los padres que lean el Libro de Tobías. No podemos negarnos el placer de copiar el cuarto capítulo de esta historia. Contiene esas hermosas admoniciones que Tobías dio a su hijo cuando pensó que el fin de la vida estaba cerca. "Escucha, hijo mío, las palabras de mi boca, y ponlas como fundamento en tu corazón. Cuando Dios se lleve mi alma, enterrarás mi cuerpo; y honrarás a tu madre todos los días de su vida, pues debes tener presente qué y cuán grandes peligros sufrió por ti en su seno. Y cuando ella también haya terminado el tiempo de su vida, entiérrala junto a mí. Y todos los días de tu vida ten a Dios en tu mente; y cuídate de no consentir jamás en pecar, ni transgredir los mandamientos del Señor nuestro Dios. Da limosna de tus bienes, y no vuelvas tu rostro a ningún pobre; porque así sucederá que el rostro del Señor no se apartará de ti. Según tu capacidad sé misericordioso. Si tienes mucho, da abundantemente; si tienes poco, procura también dar voluntariamente un poco; porque así te acumulas una buena recompensa para el día de la necesidad. Porque la limosna libra de todo pecado y de la muerte, y no deja que el alma entre en tinieblas. La limosna será una gran confianza ante el altísimo Dios, para todos los que la den. Guárdate, hijo mío, de toda fornicación, y al lado de tu mujer no conozcas jamás un crimen. Nunca permitas que la soberbia reine en tu mente o en tus palabras, porque de ella procede toda perdición. Si alguien ha hecho algún trabajo para ti, págale inmediatamente su salario; y que el salario de tu jornalero no se quede contigo para nada. Procura no hacer nunca a otro lo que odiarías que otro te hiciera a ti. Come tu pan con el hambriento y el menesteroso, y con tus vestidos cubre al desnudo. Pon tu pan y tu vino sobre la sepultura de un justo, y no comas ni bebas de ellos con los impíos. Busca siempre el consejo de un hombre sabio.

Bendice a Dios en todo tiempo, y desea de él que dirija tus caminos, y que todos tus consejos permanezcan en él. No temas, hijo mío; llevamos ciertamente una vida pobre, pero tendremos muchas cosas buenas si tememos a Dios, y nos apartamos de todo pecado y hacemos lo que es bueno" (Tob. iv).

EL GRANJERO DE MÜNSTER

E l Missionsblatt de 1852 publicó una serie de interesantes artículos bajo el título "El granjero rojo". El sujeto de estos esbozos era un excelente granjero de Münster, provincia de Westfalia, a quien los jóvenes llamaban "El Granjero Rojo", debido a un anticuado abrigo rojo con el que solía aparecer en la ciudad y en la iglesia. Muchas cosas buenas y bellas se cuentan de él en estas semblanzas, que fueron escritas por su hijo, sacerdote, quien habla de su excelente padre de la siguiente manera:

"Era un buen educador, aunque sólo seguía su buen sentido común, y nunca en su vida había leído un libro sobre educación. Yo era de naturaleza rápida y excitable, y me dejaba llevar fácilmente por los impulsos. Pero mi padre sabía refrenar mis impulsos y volverme dócil mediante diversas humillaciones. Cuando reñía con un criado o con alguno de mis tres hermanos, tenía que ser el primero en ofrecer la mano de la reconciliación si no quería caer bajo su disgusto, que yo temía por encima de todas las cosas. Si me enfadaba por algo y no comía ni hablaba, se me daba la orden estricta de que nadie me prestara atención. Nadie debía preguntarme qué me ocurría; nadie debía pedirme de comer; debían dejarme completamente solo y no preocuparse por mí. Era un castigo intolerable, y pronto empecé a arrepentirme de mi cólera y terquedad.

"Casi nunca recurría a los castigos corporales. Me castigaba siempre que podía a través de mí mismo, oponiéndome lo contrario de la falta por la que había ofendido. Una vez estaba yo sentado junto al fuego cuando él volvió del campo; habían enjaezado un potro joven para enseñarle a trabajar. Mi padre pensó que me encantaría ver cómo domaban al brioso animal, y por eso me invitó a acompañarle. Pero yo estaba de mal humor porque mi madre sólo me había dado un trocito muy pequeño de pan con mantequilla, y le contesté que no quería salir. Mi padre se dio cuenta de mi obstinación y replicó: 'Bueno, entonces, si no quieres acompañarme puedes quedarte donde estás'. Poco después fui castigado por no cumplir su deseo, ya que un poco de agua caliente de la tetera se derramó sobre mi pie. Pero esto no fue todo; por la tarde tenía ganas de ir al jardín a coger unas peras. Le pregunté a mi padre, que estaba limpiando semillas de maíz en la cocina, si podía acompañarme a coger las peras del alto peral del jardín. Me contestó: "No me faltaría tiempo, pero en este momento me importa tan poco salir contigo como te importó a ti esta mañana cuando te pedí que salieras conmigo". Así me demostró lo mezquina y despreciable que era mi terquedad.

"En otra ocasión estaba jugando en el granero. Mi padre vino con las llaves para cerrar las puertas, pero yo no quería salir, y le rogué que se marchara de nuevo y no me estropeara la diversión. Me dio la razón de por qué quería cerrar las puertas justo en ese momento y volvió a pedirme que saliera. Yo no atendí a las razones y repetí mi petición de quedarme. ¿Qué hizo? Cerró las puertas y me dejó allí hasta la noche, sin comida ni bebida. Al principio no fue nada desagradable y continué con mi deporte. Pero al cabo de una hora, cuando la campana del tejado de la casa llamó a la gente a cenar y yo estaba aterrorizado por los gemidos del viento, me puse inquieto y traté de salir. Pero, a pesar de todos mis esfuerzos, apenas podía mover las pesadas puertas, y mucho menos abrirlas. Mis gritos asustaron a un gran búho que, con gran estruendo, salió volando de debajo del tejado. Nadie prestó atención al pequeño prisionero. La noche se acercaba y ningún salvador aparecía. Mi arrepentimiento por la ansiedad y el terror alcanzó el grado más alto. Entonces, por primera vez en mi vida, aprendí a rezar de corazón. Me arrodillé y recité todas las oraciones que conocía. Por fin llegó mi padre y me abrió la puerta. Cuando le prometí que no volvería a ir contra su voluntad, guardó silencio.

"Rara vez censuraba o culpaba, y rara vez recurría al castigo positivo. Me castigaba a través de mí misma. En las largas tardes de invierno acostumbraba a hacer una especie de escuela. Una vez mostré reticencia a entrar en la habitación, y declaré abiertamente que prefería quedarme con los criados y ayudar a cortar nabos para el ganado. Mis dos hermanas siguieron a mi padre de muy buena gana. Al cabo de un rato oí cantar en la habitación. Mi padre les estaba enseñando la canción "Príncipe Eugenio, el noble caballero", etc. Tiré a un lado el cuchillo con el que cortaba nabos, cogí mis libros y mi tintero y me apresuré a entrar en la habitación. Estaba cerrada y no podía participar en las diversiones de los demás. Me senté tristemente en el escalón y lamenté mi falta. Pero cuando los demás salieron y me enseñaron el hermoso libro de dibujos que mi padre había traído de la ciudad aquella tarde y que les había regalado por su buena disposición para aprender, casi me muero de pena. Así fue castigada severamente mi voluntad, pero sin vara.

"Aunque no dejaba impunes mis faltas, sabía recompensarme adecuadamente cuando lo merecía. Cuando durante varios días me había distinguido por la obediencia y la diligencia, sabía sin que me lo dijeran por qué recibía la recompensa que él me daba de un modo tan agradable y amable. Saber que padre estaba contento con nosotros era la más dulce de las recompensas. A mediodía y por la tarde nos hacía, con mucha habilidad, toda clase de juguetes. Una vez hizo un pequeño carro y un arnés para que pudiéramos hacer que el gran perro nos arrastrara; en otra ocasión hizo un violín, con el que nos divertíamos. Para mis hermanas hizo cajas de trabajo, estuches de agujas y cunas para sus muñecas. Mientras él trabajaba, nosotras nos entreteníamos sujetando las tablas, etc., y dándole nuestra opinión sobre la forma en que debían hacerse los juguetes. Siempre respondía amablemente a nuestras innumerables preguntas. Si le complacíamos, podíamos quedarnos con él mientras trabajábamos, pero quien le disgustaba recibía la orden de irse a trabajar a otra parte.

Y cuando los tres le habíamos ofendido de alguna manera, el trabajo destinado a nuestra diversión se interrumpía inmediatamente. Nos trataba con frialdad, apenas nos miraba y parecía como si no le importáramos. Han pasado ya treinta años desde entonces, pero puedo recordar lo felices que éramos cuando nuestra conducta encontraba su aprobación, y lo desgraciados que nos sentíamos cuando por alguna falta perdíamos su amor y su amistad.

"Todos los domingos por la tarde teníamos que dar cuenta de nuestro trabajo en la escuela, mostrando nuestras lecciones y cuadernos. Si el maestro venía a nuestra casa, teníamos que ir a recibirlo amistosamente e invitarlo y acompañarlo a la sala, donde se realizaba una estricta investigación de nuestras lecciones y conducta. Sólo entonces podíamos retirarnos. Cuando nuestros padres mostraban gran amor y respeto por el maestro aumentaba nuestra estima por él.

"Cuando estudié más tarde en el gimnasio continuó con el mismo control estricto. Cuando volvía a casa en vacaciones me preguntaba, incluso antes de quitarme la mochila de la espalda: 'Bueno, ¿dónde está tu testimonio? A ver qué te parece'. Yo sacaba mi informe, que él examinaba con sumo cuidado y comparaba con el anterior, del que guardaba una copia. Si mis progresos eran satisfactorios, se alegraba mucho. Una vez volví a casa con el corazón apesadumbrado, porque mi informe empezaba así: "Buena conducta, pero el alumno fue castigado una vez por un error". Con mano temblorosa se lo entregué a mi estricto juez, pues temía que me enviara de vuelta. Afortunadamente, se equivocó al leerlo. En vez de leer: "Castigado por un error", leyó: "Castigado por un error", y consideró esto como una disculpa por parte del maestro por haberme castigado por error; y así salí bien librado. Mi maestro había observado durante mucho tiempo mi reverencia y temor hacia mi padre, y sabía muy bien cómo utilizarlos en mi beneficio amenazándome con informarle si era negligente o descuidado. Todos los demás castigos no eran nada para mí en comparación con esta amenaza. Incluso después de la muerte de mi padre, este temor hacia él me salvaba del peligro de pecar cuando recordaba que él, en el cielo, conocía mi conducta.

"El recreo favorito de mi padre era jugar con nosotros, los niños, al mediodía y por la tarde. Los juguetes de Nuremberg nos eran desconocidos, pero teníamos nuestro caballito de madera, nuestra carreta, nuestros columpios y balancines, nuestros arcos y flechas, al igual que los niños del pueblo. A mi padre le encantaba fabricarnos estos juguetes.

"Todos los domingos por la tarde, cuando hacía buen tiempo, íbamos con él y con mamá a pasear por los bosques y los campos.

Lo llamábamos 'dar una vuelta'. ¡Cómo corría de aquí para allá nuestro perrito con su collar rojo, mientras nuestros padres nos seguían y se complacían en responder a nuestras mil preguntas! Entonces aprendimos a observar no sólo los pájaros y las flores, sino también la bondad y el amor de Dios en el grano ondulante. Padre -le pregunté una vez en uno de esos paseos-, ¿por qué Dios hace el tallo tan delgado que apenas puede sostener la pesada espiga?" Me contestó: "¿Ves ese pajarillo? Mira, trata de arrancar el grano de la espiga, pero cuando se posa en el tallo, se inclina y sus intentos son en vano. Sí, sí; ahora veo que Dios lo ha ordenado sabiamente. El tallo de la judía puede ser más grueso, porque los pájaros no pueden tragarse las judías', respondí.

"De la misma manera nos enseñó a admirar la sabiduría de Dios en las muescas y junturas del tallo, en la cubierta del grano y en mil otras cosas de la naturaleza. Esto me proporcionaba gran placer, que él aumentaba aún más en mi provecho. Dime, hija mía -dijo-, ¿por qué estás tan contenta? Es un día tan hermoso que los pájaros se alegran, y ¿por qué no habría de alegrarme yo? Tendremos una buena cosecha, abundante para comer y para repartir entre los pobres. Por eso me alegro. En cada flor, en cada tallo, en cada espiga brilla la bondad y la sabiduría de Dios, como tú me enseñaste. Padre, si es tan hermoso aquí, cuánto más lo será en el cielo". Conversando así juntos, llegamos al final del campo y nos sentamos en el tronco de un árbol, cuando mi padre me enseñó esta oración: 'Servirte,

Señor, es la felicidad: vivir según tu voluntad causa mayor alegría y contento que todo el oro y las riquezas del mundo.'

"Si después de las habituales devociones familiares había tiempo, todos, jóvenes y viejos, echábamos una partida de algún tipo, generalmente un juego de pelota. Cuando el padre decía: 'Basta por hoy', el juego llegaba a su fin.

"La víspera de Pascua fue el momento más feliz de mi vida. Durante las dos semanas anteriores nos dedicamos a recoger leña, zarzas y paja para tenerlo todo listo para el domingo de Pascua. Después de haber comido nuestros huevos de Pascua, salíamos de casa, mi padre con su libro de oraciones y cánticos, yo con la sartén de fuego, el jornalero con la horca, e incluso el mozo de cuadra no faltaba en esta ocasión. Iba en la retaguardia de la procesión arrastrando tras de sí una larga vara de judías, para añadir su parte a la solemnidad del día atizando vigorosamente el fuego para que la llama ardiera bien alto, de modo que sus compañeros al día siguiente no pudieran burlarse de él de camino a la escuela. En cuanto se encendía el fuego, todos marchábamos a su alrededor, y papá entonaba el himno "Cristo ha resucitado" y otros himnos, que todos cantábamos. Usted, querido lector, debería haber estado allí para hacerse una idea de nuestra alegría y devoción. Nunca, después de mi vida, he celebrado la Pascua sin recordar la alegría y la felicidad que sentí entonces, y desear poder disfrutarlas de nuevo.

"Aunque mi padre fomentaba las diversiones y los entretenimientos adecuados, y los preparaba para los miembros de su casa, sabiendo que el hombre los necesita, no era amigo de ciertas diversiones que se acostumbraban en las bodas, los bailes y los carnavales. Y aunque era de la opinión de que incluso las fiestas de baile mejor reguladas no eran gran cosa, nunca las condenó indiscriminadamente. Prefería tomar medidas para disminuir en lo posible los peligros que más o menos acompañan a tales diversiones, y gradualmente suprimirlas por completo".

Oigamos ahora algo de la vida religiosa de este excelente padre. Su hijo, el sacerdote, continúa así la narración:

"En su dormitorio había una mesa blanca y limpia, sobre la que se encontraba un gran crucifijo que había traído consigo de Kevelaer. No había reclinatorio delante de la mesa, sino que se arrodillaba en el suelo desnudo. Allí rezaba al menos un cuarto de hora después de haber rezado la oración de la noche con los miembros de la familia en la cocina, aunque estuviera cansado y agotado por el trabajo del día. En sus oraciones por los demás, rezaba de manera especial por la parroquia, cuyo bienestar le importaba mucho. Su manera de rezar era, como él mismo, natural y sin afectación, y cuando estaba en sus devociones estaba tan absorto en la meditación que nada podía perturbarlo. Tenía su dormitorio adornado con valiosos grabados en acero que había recibido como recuerdo de los cinco antiguos párrocos de la parroquia, a los que había sobrevivido. Una pequeña pila de agua bendita y dos rosarios muy usados pero bien conservados colgaban de la pared; esas cuentas, decía, tenían unos cien años.

"Comulgaba en las cuatro grandes fiestas del año y en las fiestas de la Santísima Virgen, de modo que recibía aproximadamente cada seis semanas. Se preparaba no sólo con fervorosas oraciones, sino que en tales ocasiones daba más limosna de la habitual a alguna familia necesitada o se la entregaba al párroco para que la distribuyera. Cada año hacía dos peregrinaciones: una a la Santa Cruz de Cresfeld y otra a Kevelaer. A las personas que no creían en las peregrinaciones les decía: "Soy totalmente de tu opinión, podemos rezar tan bien aquí como en cualquier otro lugar; pero si nos quedamos aquí no lo haremos". En mis tiempos mozos también repetía el estúpido proverbio: Los que no quieren trabajar en casa van a Holanda a trabajar, y los que no quieren rezar en casa van a Kevelaer a rezar. Pero después de haber estado una vez en ese lugar sagrado me avergoncé de haber sido tan estrecho de miras como para haber dicho algo en contra de una práctica tan sagrada". Vio con gran alegría el renacimiento de esta devota práctica entre los católicos".1

1 Es interesante saber que este digno hombre era tan excelente agricultor como cristiano, refutando así a los que piensan que la verdadera piedad es incompatible con los buenos hábitos empresariales. No creía en seguir todos los caprichos de la moda, pero en lo que se refería a la agricultura estaba a favor del progreso. Asistía regularmente a las reuniones semanales de una sociedad agrícola de la que era miembro, y adoptaba los métodos recomendados por ella. Muchos se mofaron de sus intentos y experimentos, pero sólo para imitar después su ejemplo. Unas palabras para concluir sobre sus últimos momentos. Después de haber hecho su última voluntad y testamento dijo: "Hijos, todo ha terminado; unos días más y me llevaréis lejos. Rezad por mi pobre alma". A su hijo, que se preparaba para el sacerdocio (el autor de la semblanza anterior), le dijo, entre otras cosas: "Hijo, esfuérzate por seguir la vocación que has elegido libremente; honra a tu madre y ayuda a tus hermanas con sabios consejos". En su discurso en el funeral, el párroco dijo: "Estamos ante la tumba de un hombre de honor, a quien he amado como a un padre; siguiendo las buenas costumbres consagradas por el tiempo, se ganó con su ejemplo de moderación, templanza, justicia y pureza el respeto y la veneración de todos los que le conocieron. Ojalá yo estuviera tan seguro como él de la corona eterna de la felicidad.

Ninguno de los que ahora estáis ante su tumba podría dejar de honrar y respetar al difunto, y muchos de vosotros tenéis grandes obligaciones para con él."

EL PADRE EN ORACIÓN

No podemos terminar nuestras observaciones sobre "El padre cristiano" sin añadir unas palabras sobre la oración. La oración es uno de esos requisitos necesarios que pertenecen a la vocación de un padre; para ser un padre verdaderamente cristiano debe ser un hombre de oración.

Si pudiéramos suponer que nuestro librito "La madre cristiana" (del que hemos hablado más arriba) sería leído por los padres cristianos, podríamos simplemente remitirlos a la página 145 de ese libro, donde tratamos este tema, y es tan aplicable a los padres como a las madres. Pero como no podemos depender de esta casualidad, y como se trata de un asunto de gran importancia que los padres deberían tomarse muy en serio, no estará de más tratar brevemente el tema aquí.

Quien conozca mínimamente la vocación del padre, reconocerá que es difícil y que sus deberes no pueden cumplirse fielmente sin una ayuda especial de lo alto. El padre necesita esta ayuda para saber educar debidamente a sus hijos, y los hijos la necesitan para que los esfuerzos del padre en su favor den fruto. Pero para obtener esta ayuda el padre debe orar.

Debe rezar por sí mismo para que el Señor le ayude a ser un buen padre para sus hijos. Debe pedir la gracia de llevar una buena vida cristiana, de evitar tal o cual pecado, de cumplir con sus obligaciones, pues todo esto es necesario para educar bien a los hijos. También debe, como la madre, pedir a Dios buen juicio y discernimiento, para que en los casos difíciles pueda determinar el verdadero camino a seguir; para que sepa cómo tratar a sus hijos, a cada uno según su disposición, capacidad, buenas o malas cualidades. Debe pedir el verdadero amor sobrenatural para sus hijos, y la gracia de la perseverancia bajo las muchas dificultades que puede encontrar y los sacrificios que tiene que hacer en la educación de sus hijos. ¿Puede encontrarse un padre que, comprendiendo la gran importancia de una buena educación y dándose cuenta de las dificultades relacionadas con ella, no se sienta inclinado a pedir asistencia y ayuda a Dios?

Debe rezar por sus hijos. Cuanto más los ame y desee conducirlos a su verdadero bienestar, tanto más fervientemente orará por ellos. Porque, por mucho que haya hecho por ellos, debe recordar que sus esfuerzos no darán fruto si el Señor no le concede misericordiosamente su gracia y su ayuda. Por eso rezará siempre por ellos. ¿Podemos suponer que un buen padre pueda rezar sus oraciones matutinas y vespertinas, comulgar, etc., sin acordarse de sus hijos?

Encomienda a Dios en la oración todo lo que hace por sus hijos. Reza para que el Señor los conserve en su divina gracia y les permita vencer sus malas inclinaciones; reza para que Dios les ayude a progresar en las virtudes cristianas y los conduzca a la felicidad eterna.

Un padre cristiano rezará por su hijo cuando se confiese y comulgue; de modo especial rezará por él cuando salga de casa para vivir entre extraños. Cuanto mayores sean los peligros para el hijo o la hija, más fervientes serán las oraciones del padre. O puede tratarse de la elección de un estado de vida; qué importante entonces que rece para que su elección sea conforme a la santísima voluntad de Dios. Por otra parte, los hijos pueden ser adictos a ciertos hábitos viciosos; el hijo o la hija se han extraviado; no prestan atención a su consejo, no les importan sus amonestaciones, e incluso el castigo no sirve de nada. El corazón del padre sangra, pero no puede remediar el mal. Sólo le queda una cosa: recurrir a la oración. Reza por su desdichado hijo, y no ceja hasta que su oración es concedida.

Son innumerables las ocasiones en que un padre es llamado a orar, y un padre cristiano obedece al llamado. En todas sus oraciones se acuerda de sus hijos, y cuanto mayor sea la necesidad, con más fervor orará. En sus oraciones se dirigirá a Jesús, el verdadero amigo de los hijos. Invocará en su favor la intercesión de la Santísima Virgen, de los ángeles, de los santos patronos y de todos los santos del cielo.

El hijo de un padre así es ciertamente feliz; con sus oraciones hace descender sobre él los dones y las gracias de Dios. Y por muy grandes que sean las bendiciones que el niño ha recibido de la educación cristiana, las oraciones del padre son una bendición aún mayor, porque todo lo demás que hace por su hijo recibe de sus oraciones su poder y eficacia.

¡Feliz el niño que tiene un padre (y una madre) que oran por sus hijos! Un padre y una madre que oran por sus hijos, ése es un espectáculo en el que los ojos de Dios aman detenerse, y su oración unida es una súplica a la que Él debe responder. Por tanto, repetimos aquí: "¡Oh, padres, orad; orad sin cesar; orad con fervor y de corazón por vuestros hijos!".

ORACIONES PARA UN PADRE CRISTIANO

E s una práctica hermosa y encomiable leer en las tardes de los domingos, aunque sólo sea durante la devoción -pero no durante las oraciones, que tal vez puedan decirse en común-, uno de los capítulos de la primera parte, ya sea en su totalidad o en parte. De este modo, se recordará siempre lo que se ha dicho.

Oración por la piedad y el temor de Dios.

Oh Dios, que me has hecho existir únicamente para que durante mi corta vida aquí en la tierra pueda, cumpliendo tu santa voluntad, salvar mi alma y glorificar así tu santo nombre por toda la eternidad. Sólo puedo ser verdaderamente feliz aquí en la tierra cuando, en vista de este fin, llevo una vida conforme a tu santa voluntad. Yo también soy padre. Me has confiado hijos, para que los eduque por ti, y los conduzca en tu temor a una vida cristiana. ¡Ay de mí si no correspondo a tus benéficos designios! ¡Qué grande es la responsabilidad, qué terrible el castigo! Y, sin embargo, no puedo educar a mis hijos en tu santo temor y a una vida piadosa si yo mismo no estoy animado por la verdadera piedad y el temor de Dios. Oh Dios, concédeme la gracia de tener siempre ante los ojos esta gran verdad. Despiértame con ella y ayúdame a ponerla en mi corazón más que todo lo demás, para que pueda llevar una vida agradable a ti, para que pueda ser un buen padre para mis hijos y salvar mi alma. Concédeme la gracia de evitar y huir de todo lo que obstaculiza o pone en peligro la vida cristiana; enséñame a hacer a conciencia todo lo que es necesario y útil para continuar en el camino de la salvación. Oh elegidos, padres que estáis en los cielos, rogad por mí. Amén.

Oración por la gracia de la fe.

Oh Dios, que por tu Hijo no engendrado has revelado aquellas verdades y enseñanzas que son necesarias o conducentes a nuestra salvación, y nos las has proclamado por tu santa e infalible Iglesia, aumenta en mí la gracia de la fe, para que pueda aceptar estas lecciones de salvación con indudable confianza. Cuando, por las sugestiones de mi naturaleza orgullosa y por las conversaciones y el ejemplo de un mundo incrédulo, esté en peligro de vacilar en mi fe, guíame y dirígeme; enséñame a comprender que nuestra santa fe descansa sobre bases firmes, y que sólo un corazón perverso puede dudar. Enséñame a guardar el precioso tesoro de la fe con escrupulosa vigilancia, y a evitar la lectura de todos los escritos peligrosos para la fe, o a asociarme innecesariamente con hombres que han sufrido el naufragio de su fe, para que yo no sufra una pérdida semejante. Sobre todo, Señor, ayúdame a vivir según la santa fe y a ordenar mi vida según tus enseñanzas; entonces, por tu gracia, la luz de la fe brillará cada vez más y llenará mi corazón de confianza.

Te encomiendo también a mis hijos; protégelos en los peligros para su santa fe; que, por tu gracia, sean firmes y verdaderos hijos de la Iglesia, y mantengan con firmeza sus enseñanzas. Amén.

Oración para obtener la virtud de la templanza.

Oh Dios, que por medio de tu divino Hijo y de tus siervos nos has prevenido tan enérgicamente contra la intemperancia y la embriaguez, y que quieres que como cristianos "no andemos alborotados", sino como seguidores de Jesús y de su vida mortificada, concédeme la gracia de la verdadera moderación cristiana. Evita que alguna vez sea víctima del vicio fatal de la embriaguez. ¡Ay, si mis hijos tuvieran el reproche de tener un padre borracho! Oh Señor, lléname de horror ante este vicio, para que no me exponga a sus peligros y me convierta en un borracho. Haz que nunca traspase los límites de la moderación cristiana, sino que permanezca fiel a sus santos mandatos. Enséñame a evitar todas las visitas innecesarias a lugares públicos y a no relacionarme con personas frívolas. Protégeme con tu fuerte brazo, Señor, en medio de los muchos peligros de esta época que busca el placer, y concédeme el espíritu de moderación y sobriedad. Amén.

Oración contra el amor desmedido al mundo.

Oh divino Salvador, que nos amonesta que "debemos buscar primero el reino de Dios y su justicia", ¡que siempre obedezca tu amonestación! ¡Ay! Me dejo llevar tan fácilmente por mis ocupaciones terrenas, que me olvido totalmente de ti y, descuidando la oración y otros ejercicios piadosos, me alejo cada vez más de ti y de las cosas celestiales. ¿Puedo esperar participar de esos tesoros celestiales a los que ahora soy tan indiferente? ¿No he de temer que mi vida desordenada y mundana me haga perder el alma? Entonces, ¡ay de mí cuando al fin deba reconocer cuán irrazonable fui al dedicar toda mi vida y mis fuerzas a cosas de las que tan fácilmente me priva la muerte, y al descuidar aquellas que podrían hacerme eternamente feliz! Arranca, pues, Señor, de mi corazón, con tu gracia, el amor a las cosas terrenas. Haz que comprenda que todos los esfuerzos y ocupaciones terrenales no son más que medios para servirte y adquirir méritos para la eternidad. Haz que todas mis acciones sean hechas con buena intención. Dame fervor en la oración y en los ejercicios espirituales, que nunca descuide mis devociones diarias, que los domingos y los días festivos sean santos a mis ojos; en ellos tomaré el descanso prescrito para poder dedicarme a la oración y asistir a las solemnidades de la Iglesia. Guárdame, Señor, de la negligencia en la recepción de los santos sacramentos, por los que recibo fuerza y gracia. Despiértame a tiempo y condúceme al banquete de la salvación. Ayúdame, pues, Señor, para que use las cosas de este mundo de tal modo que no pierda las de la eternidad. Amén.

Oración en el aniversario del matrimonio.

1 Oh Dios y Señor mío, fue en este día cuando en tu santa casa, arrodillado al pie del altar, recibí el santo sacramento del matrimonio y entré con su bendición en el estado matrimonial. ¿Puedo dejarlo pasar sin darte gracias y gratitud? No, Señor, de todo corazón te doy gracias por haberme conducido por medio de tu sacramento al estado matrimonial, santificado mi unión matrimonial y abierto ante mí los tesoros de tu gracia, para que pudiera corresponder a las exigencias de mi estado de vida y perseverar en la fidelidad y el amor hacia mi esposa, en la pureza conyugal, y educar a mis hijos en tu temor, y obrar así mi salvación. Te doy gracias por todas las gracias que en virtud de este sacramento he recibido desde entonces; te doy gracias por tu protección y asistencia, y por todo el bien que me has concedido a mí y a los míos. Alabado seas por toda la eternidad.

Pero, ¿he cumplido, en cooperación con tu gracia, las obligaciones de mi estado? ¿He vivido como un padre y un esposo verdaderamente cristianos? Ay, tengo mucho de qué acusarme. Dios mío, lo siento de todo corazón. Ten piedad de mí. Perdóname en tu infinita misericordia y por tu Hijo Jesús. Estoy firmemente decidido: En el futuro me esforzaré con renovado fervor por cumplir fiel y concienzudamente todos mis deberes de cristiano y de padre. ¿De qué otro modo podría esperar estar en tu gracia y alcanzar la salvación? Pero, Señor, ¿de qué me sirven todos mis propósitos, si no me das la gracia de cumplirlos? Renueva, pues, Señor, en este día la bendición del sacramento, y haz que su gracia fluya día a día abundantemente en mi corazón; animado y fortalecido por ella, seré consciente y capaz de cumplir los deberes de mi vocación.

También para mi esposa imploro tu favor y tu gracia. Concédenos que, tan íntimamente unidos por tu sacramento, estemos siempre en el amor y el temor de Dios, que nuestra vida matrimonial sea, como debe ser, imagen de la íntima unión de Cristo con su santa Iglesia, y nos conduzca a la vida eterna.

Acuérdate también, Señor, de los hijos que nos has dado. Bendícelos, protégelos, concédeles la gracia de vivir según tu voluntad. Ayúdame a educarlos enteramente para ti.

Santa Virgen y Madre María, San José y todos los santos que han vivido en estado matrimonial, rogad por mí. Amén.

Oración de la mañana.

Oh Señor, me has concedido este día para que, cumpliendo mis deberes para contigo, pueda obrar mi salvación. Asísteme, pues, con tu gracia. Concédeme, sobre todo, que cumpla con los deberes más importantes y santos, los deberes para con mis hijos, y que, en particular, les dé un buen ejemplo. Bendice todo lo que pueda decir o hacer en este día para su instrucción y edificación.

Y a mis hijos, Señor, tómalos bajo la protección de tu amor y de tu gracia; guárdalos en los peligros y protégelos de todo mal. Presérvalos del pecado; llena sus jóvenes corazones con tu santo amor; anímalos y fortalécelos con tu gracia, para que te sirvan fielmente, y para que, a medida que crezcan, aumenten en virtud y gracia.

Ángeles custodios y patronos de mis hijos, os los encomiendo; haceos cargo de ellos y rogad por ellos. Amén.

Oración vespertina.

2 Gracias, Dios y Padre, por todas las gracias y favores que nos has concedido hoy a mí y a mis hijos. Todos los dones buenos proceden de ti. Tú nos gobiernas misericordiosamente. ¡Ay de mí, que he sido tan ingrato y te he ofendido, el mejor de los padres!

Perdona misericordiosamente. Perdona mis negligencias en los deberes de mi vocación. ¿Qué puedo hacer sino implorar tu gracia? Ten piedad de mí. Que comprenda cada vez más la santidad de mis deberes paternales y los cumpla.

Sí, Señor, es mi firme propósito. Te lo prometo de nuevo. Ven en mi ayuda con tu preciosa gracia; inflama cada vez más mi corazón con tu santo amor y con el amor a mis hijos, para que, lleno de santo fervor, pueda educarlos para ti y para la vida eterna.

Por esta noche, Señor, te los encomiendo. Que tu mano los proteja en su descanso nocturno; aleja al enemigo de su lugar de sueño; que tu santo ángel esté cerca de ellos. Oh, no permitas que la noche sea ocasión de pecado para ellos; consérvalos en la inocencia y en la pureza inmaculada.

Virgen Santa, San José, santos ángeles y elegidos, encomiendo a mis hijos a vuestro cuidado. Amén.

Oraciones en la Misa por un padre cristiano.

En el Introito.

Oh Señor, vengo aquí a tu santo templo a implorar la gracia para mi estado de vida. No puedo cumplir los deberes de mi vocación como tú quieres, si no me concedes tu ayuda. Me has asegurado la ayuda de tu gracia en el santo sacramento del matrimonio. Ojalá fuera digno de él. Por desgracia, confieso mi indignidad y que no merezco tu gracia. Por eso acudo al altar de tu divino Hijo, para que unida al santo sacrificio que él consuma por mí no parezca indigna, y encuentre oídos cuando imploro tu divina asistencia y gracia para mis hijos. Concédeme, pues, asistir con devoción a este santo sacrificio. Amén.

En el ofertorio.

Oh Dios todopoderoso y eterno, en unión con el sacerdote, yo también te consagro este don del pan y del vino, y con él pongo en espíritu sobre el altar la solicitud de mi corazón, mi deseo y mi oración de gracia para cumplir los deberes de mi estado. Oh Señor, reconozco que mis oraciones, como el don del pan y del vino, carecen de valor; pero así como por tu bondad y poder el pan y el vino se transforman en el sacrificio del cuerpo y de la sangre de tu divino Hijo, sacrificio que te agrada infinitamente, concédeme en unión con este santo sacrificio mi petición de hallar gracia ante tus ojos. Te lo suplico, pues, con espíritu de humildad, con corazón contrito y bajo la invocación de la santísima Virgen María, de san José, de todos los padres que están en los cielos y de todos los santos.

En la Consagración.

Oh Jesús, que te dignas con infinito amor descender sobre el altar a la palabra de tu siervo para renovar, bajo la forma del pan y del vino, el sacrificio misericordioso que se consumó en el Gólgota, para que participemos de sus gracias.

Con profunda humildad te adoro aquí presente como mi Señor y Salvador; te alabo y te doy gracias desde el fondo de mi corazón por tantas gracias. Recíbeme, pues, oh Jesús, con mi petición, en tu santo sacrificio. Concede mi oración para que sea un buen padre para mis hijos, tus pequeños. Amén.

Después de la Consagración.

Oh Dios, mi corazón se eleva ahora confiado hacia ti, pues es tu divino Hijo quien me representa ante ti, y presenta mi petición junto con el sacrificio de su sagrado cuerpo y sangre. Es el mismo sacrificio que un día consumó en la cruz en obediencia a tu voluntad. Que mi petición, pues, en unión con este santo sacrificio y por su causa, encuentre gracia ante ti. Perdóname, pues, por haber descuidado los deberes de mi vocación; anímame a cumplirlos en adelante con renovado celo. Concédeme todas las gracias que necesito para la educación de mis hijos, una vida ejemplar, caridad, sabiduría, paciencia, dulzura, perseverancia y fervor en la oración por mis hijos. Concédeme, Señor, tu gracia.

Antes y durante la Comunión.

Rezar la oración a Jesús, Amigo de los Niños.

Al final de la Misa.

Reza las oraciones:

- Oración por la piedad y el temor de Dios

- Oración para obtener la Gracia de la Fe

- Oración para obtener la virtud de la templanza

- Una Oración contra el Amor Desordenado al Mundo

Una Oración por la Sabiduría.

¡Cuán grande, oh Dios, y cuán trascendental es la vocación que me has dado, y cuán difícil cumplirla! Debo educar a los hijos que me has confiado y enseñarles a vencer sus defectos y a practicar las virtudes cristianas. Oh Dios mío, soy ignorante e incompetente. ¿Cómo sabré siempre el buen camino si Tú no me ayudas? Envía, pues, Señor, desde tu trono celestial un rayo de sabiduría divina a mi corazón, como diste a Salomón un corazón sabio y perspicaz, para que gobernara bien a su pueblo. Ilumíname para que sepa tratar a mis hijos, cada uno según su camino, para que sean liberados de sus faltas y preservados de todo lo que les es dañoso y peligroso; muéstrame los medios y el modo de educarlos debidamente; guíame para que esté tan lejos de la indulgencia peligrosa como de la severidad irrazonable; dame la palabra justa cuando los instruya, reprenda o amoneste. Hazme conocer tu santa voluntad cuando tenga que aconsejarles. Guiado por tu mano, permíteme cumplir la obra de su educación; pues tú siempre guías a tus hijos con infinita sabiduría por el camino de la salvación.

Oh Espíritu Santo, dispensador de dones y gracias, concédeme el don de la sabiduría y del consejo, para el bien de mis hijos. Amén.-Padre nuestro y Ave María.

Oración por la dulzura.

Divino Salvador, que habitaste durante tres años entre tus discípulos, como un padre entre sus hijos, ¿cuánto tuviste que sufrir por sus imperfecciones y faltas; cuán calculada era a menudo su conducta para excitar la impaciencia y la cólera? Y, sin embargo, fuiste siempre tan indulgente con ellos, tan amable, tan suave. Jamás salió de tus labios una palabra antipática, dura, cruel. ¡Oh, que yo sea como tú en mi conducta hacia mis hijos! Debo serlo, si soy tu discípulo y quiero salvar mi alma. Que entonces "aprenda de ti a ser manso". Cuando la mala conducta de mis hijos provoque en mí impaciencia y cólera ayúdame a superar estas emociones, para que no las manifieste. Concédeme serenidad y desapasionamiento al corregir o castigar a mis hijos. Porque "la ira del hombre no obra la justicia de Dios". ¡Oh manso Jesús, ten piedad de mí! Amén.-Padre nuestro y Ave María.

Oración a Jesús, el Amigo de los Niños.

Oh Jesús, qué grande fue en otro tiempo tu amor por los niños. Hoy sigue siendo el mismo. Sí, tu amor por los niños cristianos es aún mayor. Y tú amas, Señor divino, a mis hijos más que yo, y eres su amigo divino. ¡Oh, qué consolador y alentador para mí! Alabado seas. Concédeme, pues, la gracia, oh divino Salvador, de conducirme con mis hijos según tu voluntad y beneplácito. Haz que los eduque enteramente para ti y los conduzca con todas mis fuerzas a conocerte cada vez más, a amarte y a regular toda su vida según tu santo ejemplo, para que lleguen a ser tus discípulos y por ti obtengan la salvación. Oh Jesús, en virtud del santo sacramento por el que me has conducido al estado matrimonial y al oficio de padre, y por la gracia del santo sacrificio, ayúdame a cumplir con la mayor fidelidad y celo todas las obligaciones de un padre cristiano. Que mi vida sea un modelo para mis hijos; llena mi corazón del amor que tu divino corazón tiene por mis hijos; dame sabiduría, valor, paciencia y mansedumbre; dame fervor en mis oraciones por mis hijos. Que tu bendición sea sobre todo lo que hago por mis hijos. Amén.

Oración a la Santísima Virgen.

Oh Santísima Virgen María, Madre admirable, ya que he sido hallado digno de ser padre, vuelo a ti. Ruega por mí, Madre santa y poderosa, para que me muestre digno de mi vocación. Que se me conceda por tu poderosa intercesión que en el futuro pueda cumplir todos los deberes de padre cristiano a conciencia, con fidelidad y perseverancia. ¡Qué vida tan santa y meritoria llevaste, santa Madre, al lado de tu esposo, con Jesús, tu divino Hijo, en la oración, el trabajo y las buenas obras, en la cabaña de Nazaret! Que sea el modelo de mi vida familiar. Invoca en mi casa el espíritu de piedad y el temor del Señor, para que mis hijos prosperen en todo. Amén.

Oración a San José.

Oh santo José, fiel compañero de la bienaventurada Madre, que con tanto cuidado la protegiste a ella y a su divino hijo, y les dedicaste toda tu vida; te suplico que seas también protector y abogado mío y de mis hijos junto con Jesús, tu Hijo adoptivo. Obtén para mí la gracia de cumplir mis deberes para con mis hijos como tú y María lo habéis hecho para con Jesús. San José, ruega por mí. Amén.

Oración a los ángeles custodios.

Oh santos ángeles custodios, amigos celestiales de mis hijos, lleno de confianza me dirijo a vosotros. Aquellos que el Señor me ha confiado, también los ha confiado a vuestro amor y cuidado. Conseguidme por vuestra intercesión que, animado del mismo sentimiento que os anima hacia mis hijos, haga todo lo posible por educarlos para Dios y el cielo. Que sea para ellos un padre tal que no sea indigno de tu amor y de tu amistad. Consíguemelo por tu poderosa intercesión. Amén.

Oración a los santos patronos de los niños.

Santos patronos de mis hijos, San _____ y San _____, que os interesáis por mí3 su padre; rogad por mí para que por vuestra intercesión reciba la gracia de ejercer con la palabra y el ejemplo una saludable influencia sobre mis hijos, y para que ellos, imitando vuestras virtudes, crezcan como buenos miembros de la Iglesia y sean recibidos un día en vuestra feliz sociedad. Amén.

Oración de un padre pidiendo bendiciones para su trabajo.

Oh Dios, todo lo que pueda hacer por la buena educación de mis hijos no dará fruto sin la bendición de tu gracia. Aunque "plante y riegue", el "crecimiento" faltará si tú no lo "das". "Si Jehová no edificare la casa", dice el salmista, "en vano trabajan los que la edifican. Si el Señor no guarda la ciudad, en vano vigilan los que la guardan". Por eso te suplico, Señor, que des "aumento" a todo lo que hago por mis hijos mediante la enseñanza, la amonestación, la advertencia, el castigo, la vigilancia y la dirección; ayúdame a "guardarlos" de todo mal del cuerpo y del alma; ayúdame a "edificar" para que la "casa" de la virtud y de la perfección tenga en ellos cimientos firmes. Acompaña con tu gracia mis palabras y mis obras para que conduzcan al bienestar de mis hijos, por Jesucristo. Amén.

Oración para la protección de los hijos en la tentación.

Oh Dios, ¡a cuántas y grandes tentaciones del cuerpo y del alma están expuestos mis hijos! Y cuán insuficiente es la protección que puedo darles. Sí, Señor, "en vano los vigilo si tú no me asistes". Pero si habitan "en la ayuda del Altísimo, y moran bajo la protección del Dios de Jacob", ¡cuán satisfecho no puedo estar! Acoge, pues, Señor, a mis hijos bajo tu protección. Guárdalos lejos de todos los peligros del alma y del cuerpo; dales salud. Pero, sobre todo, protégelos del peligro para sus almas. Aleja de ellos todo lo que pueda ejercer una influencia perjudicial en sus jóvenes corazones y convertirse en ocasión de pecado para ellos. Presérvalos del pecado. Envía "a tus santos ángeles para que los guarden en todos sus caminos y los sostengan en sus manos, para que no tropiecen con sus pies en piedra". Oh Dios y Padre todopoderoso, guía a mis hijos a través de los peligros y tormentas de esta vida, para que puedan entrar seguros en el paraíso de la salvación. Amén.

Oración para preservar a los hijos del pecado mortal.

Oh Dios, ¡cuántas y cuán grandes son las tentaciones de pecar para mis hijos en este mundo! Y no está en mi poder conducirlos con seguridad a través de ellas. Tú debes asistirlos y protegerlos, debes rescatarlos y conducirlos a la victoria. Ven pues en mi ayuda, Señor, con el poder de tu gracia, para que el monstruo del pecado mortal no se acerque a mis hijos. Tú sabes, Señor, cuánto amo a mis hijos; pero prefiero que me los arrebates por la muerte a que por el pecado sufran la muerte de sus almas y se conviertan en objeto de abominación e ira para ti. Por eso te suplico, Padre de mis hijos, que te apresures a quitármelos de esta vida antes que sufran esta desgracia, para que perdiéndolos durante esta corta vida pueda volver a encontrarlos en tu casa y poseerlos para siempre contigo. Escúchame, Señor, escúchame; por Jesucristo nuestro Señor. Amén.

Oración por la pureza de los hijos.

Oh Dios santísimo, que amas la pureza y la inocencia, concede a mis hijos el precioso don de la pureza. Ay, si el vicio de la impureza manchara a mis hijos. Cuán infelices serían, por el tiempo y por la eternidad. Señor, protégelos, aleja de ellos esta terrible desgracia.

Sin tu gracia especial no podrán conservar la santa pureza. Señor, concédeles esta gracia. Que sus corazones sean como un santuario impoluto por cualquier pensamiento o sentimiento impuro; que sus ojos sean modestos, sus oídos y su boca cerrados a cualquier impropiedad en palabra o conversación; llénalos de horror por todo lo contrario a la pureza, y permite que, sin mancha en cuerpo y alma, continúen siendo templos consagrados al Espíritu Santo. Oh Señor, amante de las almas puras, haz que mis hijos se cuenten entre tus amados; que llegue a mis hijos esa bendición que en el tiempo y en la eternidad acompaña a la santa pureza.

Madre Inmaculada, modelo e intercesora de las almas puras; San José, San Luis y todos los santos jóvenes, vírgenes y niños santos, ayudadme por vuestra intercesión. Amén.

Oración de un padre cristiano por su esposa.

Oh Dios, que, junto a mí, has confiado mis hijos a mi esposa, escucha mi oración por ella. Cuán grande es la influencia que como madre tiene sobre los hijos; concédele ser una fiel y verdadera madre cristiana para nuestros hijos. Dale el espíritu de piedad y el temor del Señor; llena su corazón cada vez más de amor por ti y por sus hijos, para que pueda educarlos para ti, y con la palabra y el ejemplo conducirlos a una vida verdaderamente cristiana, y a la felicidad eterna. Ayúdala para que no se hunda bajo los sacrificios y dificultades de su vocación maternal; visítala con los consuelos de tu gracia. Bendice sus trabajos en favor de sus hijos, para que crezcan agradables a tus ojos y sean nuestra alegría y consuelo. Tú que eres generoso en la recompensa, recompensa a mi esposa con la gracia y la vida eterna por lo que hace por nuestros hijos, que también son tuyos. Amén.

Letanía de los Padres cristianos

Señor, ten piedad de mí.

¡Cristo ten piedad de mí!

¡Señor, ten piedad de mí!

Cristo, ¡escúchame!

Tú, Padre grande, de quien procede toda paternidad, ten piedad de mí.

Dios, Padre celestial de mis hijos, ten piedad de mí.

Tú que amas a mis hijos más de lo que yo puedo, ten piedad de mí.

Tú que quieres que sean eternamente felices contigo, ten piedad de mí.

Tú que has sacrificado a tu Hijo unigénito por ellos, ten piedad de mí.

Tú que envías a tus ángeles para protegerlos, ten piedad de mí.

Tú que los has confiado a mi amor y cuidado, ten piedad de mí.

Tú que quieres que los sostenga y los críe por ti, ten piedad de mí.

Tú que me pides cuentas de ellos, ten piedad de mí.

Tú que recompensas al padre que cumple con su deber, ten piedad de mí.

Dios Hijo, Redentor del mundo, ten piedad de mí.

Tú que te hiciste hombre por nosotros, ten piedad de mí.

Oh Jesús, que haciéndote niño santificaste la tierna edad de la infancia, oh Jesús, hijo amantísimo, ten piedad de mí.

Oh Jesús, hijo obedientísimo de tu madre, ten piedad de mí.

Oh Jesús, amigo de los niños, ten piedad de mí.

Oh Jesús, que permites que los niños vengan a ti, para abrazarlos y bendecirlos, ten piedad de mí.

Tú que has declarado ay de todos los que escandalizan a los niños, ten piedad de mí.

Tú que aceptas como hecho por ti lo que se hace por los niños, ten piedad de mí.

Tú que amas a mis hijos y te has sacrificado por ellos, ten piedad de mí.

Tú que has dotado a tu Iglesia de todos los tesoros de la gracia para ellos, ten piedad de mí.

Tú que, en el sacramento del matrimonio, me bendijiste y me diste gracia para cumplir mi vocación, ten piedad de mí.

Tú que en el santo bautismo hiciste de mis hijos, hijos de Dios, ten piedad de mí.

Tú, sin cuya gracia no puedo cumplir mi deber para con mis hijos, ten piedad de mí.

Tú, sin cuya gracia mis hijos no pueden llegar a ser buenos y perseverar, ten piedad de mí.

Espíritu de sabiduría y de inteligencia, ten piedad de mí.

Espíritu de consejo y de fortaleza, ten piedad de mí.

Espíritu de piedad y de temor del Señor, ten piedad de mí.

Espíritu de sabiduría y de gracia, ten piedad de mí.

Santísima Trinidad, Dios único, ten piedad de mí.

Santa María, ruega por mí.

Santa Madre de Dios, ruega por mí.

Madre de Cristo, ruega por mí.

Tú que ofreciste a tu divino Hijo en el Templo, ruega por mí.

Tú que huiste con él a Egipto, ruega por mí.

Tú que lo buscaste con dolor durante tres días, ruega por mí.

Tú que lo viste sufrir y morir en la cruz, ruega por mí.

Tú que te alegraste de su resurrección y ascensión, ruega por mí.

Tú que ahora estás glorificado con él en el cielo, ruega por mí.

San José, ruega por mí.

Patrono de la familia cristiana, ruega por mí.

Tú que protegiste y amaste a tu divino Hijo adoptivo, ruega por mí.

Tú que tuviste la dicha de vivir y trabajar tantos años con él, ruega por mí.

Tú que expiraste en sus brazos, ruega por mí.

Vosotros, santos ángeles custodios y amigos de mis hijos, que contempláis el rostro de nuestro Padre celestial, rogad por mí.

Vosotros, enviados de Dios para custodiar a mis hijos, rogad por mí.

San Joaquín, consorte de Santa Ana y padre de la Santísima Virgen María, Todos los santos padres de la antigua ley, rogad por mí.

Todos los santos padres, rogad por mí.

Vosotros que, cumpliendo vuestros deberes para con vuestros hijos, obtuvisteis la salvación, rogad por mí.

Santos ángeles, rogad por mí.

Patriarcas y profetas, rogad por mí.

Santos apóstoles y mártires, rogad por mí.

Santos obispos, sacerdotes y confesores, rogad por mí.

Santas vírgenes y viudas, rogad por mí.

Niños santos e inocentes, rogad por mí.

Ten piedad y perdóname, Señor.

Ten piedad de mí y escúchame, Señor.

De todo mal, líbrame, Señor.

De toda indiferencia a los deberes de mi vocación, líbrame, Señor.

Líbrame, Señor, de toda negligencia en mis deberes paternales.

Líbrame, Señor, de toda indiferencia hacia la salvación de mis hijos.

De todo amor e indulgencia irrazonables hacia mis hijos, líbrame, Señor.

De toda ira y pasión, líbrame, Señor.

De todo mal ejemplo, líbrame, Señor.

Del demonio de la impureza, líbrame, Señor.

Líbrame, Señor, de tu vida, de tus sufrimientos y de tu muerte.

Líbrame, Señor, por tu amor a los hijos.

Por la rica recompensa que prometiste a los que reciben hijos, líbrame, Señor.

Por la misericordia de tu divino corazón,

yo, pecador, te suplico que me escuches.

Que me concedas la gracia de conocer la grandeza de mi vocación paterna, te suplico que me escuches.

Que me concedas conocer la santidad y la importancia de mis deberes para con mis hijos, te ruego que me escuches.

Que me concedas sabiduría para conocer mi difícil tarea, te ruego que me escuches.

Que me concedas celo en la oración por mis hijos, te ruego que me escuches.

Que bendigas mis enseñanzas y amonestaciones, te ruego que me escuches.

Que me concedas la gracia de dar siempre buen ejemplo a mis hijos, te ruego que me escuches.

Que protejas a mis hijos de toda frivolidad y pecado mortal, te ruego que me escuches.

Que les inspires piedad y temor de Dios, te ruego que me escuches.

Que les concedas el tesoro de la pureza inviolable, te ruego que me escuches.

Que los protejas del ataque del enemigo, te ruego que me escuches.

Que los protejas de la mala influencia del mundo, te ruego que me escuches.

Que los guardes en tu gracia, te ruego que me escuches.

Que los conduzcas a la vida eterna, te ruego que me escuches.

Cordero de Dios, que quitas los pecados del mundo, perdóname.

Cordero de Dios, que quitas, etc., escúchame.

Cordero de Dios, que quitas los pecados del mundo, ten piedad de mí.

Cristo, escúchanos, etc.

Padre nuestro, Ave María.

Oración.-Oh Dios, cuya misericordia y bondad son infinitas, doy gracias a tu majestad por todos los dones y gracias que nos has concedido a mí y a mis hijos; y como tú concedes las oraciones de los que te suplican, ruego sin cesar a tu paternal bondad que nunca nos abandone a mí y a mis hijos, y nos conduzca a la recompensa eterna. Por Jesucristo. Amén.

Oración al Sagrado Corazón de Jesús.

Oh Sacratísimo Corazón de Jesús, Morada del amor más perfecto, que contiene toda perfección; digno de ser honrado sobre todas las cosas por todos los corazones, yo también te ofrezco mi sincera veneración; te amo con todo mi corazón, y no deseo otra cosa que amarte más y más, para consagrarte todo lo que tengo y soy.

Oh Corazón divino, lleno de tan grande y amorosa solicitud por los hombres, que has ordenado y realizado cuanto era útil para su verdadero bien, y te has entregado a la ignominia y al sufrimiento, y aun a la muerte, por su causa, despierta también en mi corazón sentimientos semejantes de amor, para que yo también esté dispuesto a ofrecer sacrificios por el bien de mi prójimo, y a sufrir tribulaciones y dificultades. Inspira especialmente en mi corazón un amor a mis hijos semejante al que tú les tienes, para que viva enteramente para ellos y, como tú, me esfuerce por conducirlos a la salvación eterna.

A tu Corazón amoroso, oh Jesús, encomiendo a mis hijos. Rodéalos, santuario de amor, con tus llamas ardientes. Guárdalos para que nadie pueda arrancarlos de ti. Tú conoces los peligros a los que están expuestos, los enemigos que los amenazan. Ten piedad de ellos. Según la multitud de tus misericordias, acude en su ayuda. Oh Sacratísimo Corazón de mi Señor, en el que están contenidas todas las virtudes y perfecciones, libra a mis hijos de todo lo que te desagrada; destruye en ellos el pecado y perdónales todo el mal que han cometido contra ti. Infunde en ellos, desde tu Sacratísimo Corazón, todo lo que te sea agradable. Santifícalos y apodérate de ellos. Haz en todo respecto a ellos lo que más te agrade, consérvalos sólo en tu santo amor; no los alejes de ti, te lo suplico. Haz que estén unidos a ti por toda la eternidad en el amor y la felicidad. Amén.

Oración al Sagrado Corazón de María.

Oh Sagrado Corazón de María, Madre de Dios y Madre nuestra, corazón agradabilísimo a la Trinidad adorable y digno de la veneración y del amor de los ángeles y de los hombres; oh corazón semejante al Sagrado Corazón de Jesús, cuya imagen perfecta eres tú; corazón lleno de bondad y de compasión por nuestra miseria: a ti me encomiendo en la obra más santa de mi vida: la educación de mis hijos. A ti, corazón amantísimo de María, encomiendo a mis hijos; por tu intercesión todo lo puedes. Infunde en ellos el amor a tus virtudes y enciende en ellos el fuego santo que siempre te inflamó. Vela sobre ellos, guárdalos y sé para ellos siempre un refugio y una barrera invencible contra los asaltos del enemigo. Sé su auxilio en la necesidad, su fortaleza en la angustia, su refugio en las tentaciones, su protector en el peligro; sé una madre para ellos; reconcílialos con tu Hijo, encomiéndalos a tu Hijo, preséntalos a tu Hijo. Asístelos ahora y en todo tiempo, particularmente en la hora de la muerte, oh bondadosa, oh suave, oh dulce Virgen María. Amén.

Oración a San Luis.

Oh San Luis, tú que por la más perfecta cooperación con la gracia has llevado una vida verdaderamente angélica, y que eres venerado por la Iglesia como modelo y patrono de la juventud, te encomiendo también a mis hijos; acércate al trono de Dios en su nombre. Rezad por ellos, para que también ellos caminen según los mandamientos del Señor y odien y eviten el pecado como lo habéis hecho vosotros. Obtened para ellos la gracia de aquella inocencia y pureza de corazón que adornaron vuestra vida; ayudadles a que honren y amen al Señor y a su Santísima Madre tan devotamente como lo habéis hecho vosotros. San Luis, ruega por ellos. Amén.